Comprendre la réforme des retraites

La loi du 14 avril 2023

Questions contemporaines

Collection dirigée par Jean-Paul Chagnollaud, Bruno Péquignot et Denis Rolland

Chômage, exclusion, globalisation… Jamais les « questions contemporaines » n'ont été aussi nombreuses et aussi complexes à appréhender. Le pari de la collection « Questions contemporaines » est d'offrir un espace de réflexion et de débat à tous ceux, chercheurs, militants ou praticiens, qui osent penser autrement, exprimer des idées neuves et ouvrir de nouvelles pistes à la réflexion collective.

Dernières parutions

Gérard BORVON, *Les Tartuffes et le climat*, 2024.
Chantal BOURRY, *Militer avec force et raison*, 2024.
Daniel DUCHER, *Quand le train cherche sa voie. Plongée au cœur du système ferroviaire français*, 2024.
Amine ISSA, *Les deux Imams, Le Coran contre l'obscurantisme*, 2024.
Pierre MORLANNE, *L'État, la nation et le peuple, La république au service des citoyens*, 2024.
Sous la direction de Mohamed EL MOUBARAKI et Émile-Henri RIARD, *Regards sur les violences envers les femmes d'ici et d'ailleurs*, 2024.
Zehira HOUFANI BERFAS, *Françafrique, la matrice du chaos africain. Stratégie coloniale d'échec des indépendances*, 2024.
Jean-Marc ESNAULT, *L'Homme face aux défis du monde contemporain. Une réflexion sur notre avenir*, 2024.
Ahamed Youssouf HASSANI MZÉ HAMADI, *Le droit et la dramathérapie en psychiatrie et en ergothérapie*, 2024.
Jacques LANGLOIS, *Les liens sociaux en univers néolibéral*, 2024.
Olivier GANDOU, *Perpignan sous mandat RN. Bilan 2020-2023*, 2023.
Rachid BATHOUM (dir.), *Malades du racisme. Souffrances & dignité,* 2023.
Pierre HURTEAU, *Le péché et la garde de la langue. Entre blasphème et culture du bannissement*, 2023.

Bernard Geneste
Joris Geneste

Comprendre la réforme des retraites

La loi du 14 avril 2023

L'Harmattan

5-7, rue de l'École-Polytechnique, 75005 Paris

http://www.editions-harmattan.fr

ISBN : 978-2-336-48316-0
EAN : 9782336483160

« Chaque science, chaque étude a son jargon inintelligible qui semble n'être inventé que pour en défendre l'approche. »

Voltaire
(d'après Serge Braudo,
Dictionnaire de droit privé)

LES AUTEURS

Bernard Geneste

Diplômé de la faculté des lettres et de l'Institut d'administration des entreprises de Nancy (54), Bernard est un ancien magistrat administratif.
Il a exercé successivement au tribunal administratif de Versailles et à la cour administrative d'appel de Paris et a effectué plusieurs « détachements », successivement au Conseil de la concurrence (aujourd'hui Autorité de la concurrence), à la Cour de justice de l'Union européenne, et en qualité de directeur des affaires juridiques de la région Ile-de-France. Depuis peu avocat honoraire au barreau de Paris, il avait rejoint celui-ci en 1996. A ce titre, Bernard possède une expertise reconnue en matière de contentieux de la sécurité sociale.

Joris Geneste

Joris, fils de Bernard, diplômé en droit social et gestion d'entreprise, né en 1972 dans le bassin de Longwy (54), petit-fils de mineur ayant poussé dans les cités des mines de l'est de la France, est un jeune juriste en droit du travail. Du fait de ses origines « minières » et de ses années d'expérience professionnelle en milieu ouvrier, en cabinet d'avocats ainsi qu'au sein des services juridiques des partenaires sociaux, il propose une lecture du code du travail particulièrement articulée autour de la question de la santé et sécurité au travail..

SOMMAIRE

INTRODUCTION

Cet ouvrage n'a nullement pour objectif de prendre parti pour ou contre la réforme des retraites mise en place en 2023 par la loi du 14 avril de la même année. Il s'efforce au contraire de dresser un constat aussi objectif que possible du système de retraites tel que nous le connaissons aujourd'hui en France.

C'est pourquoi il s'attache dans une première partie à recontextualiser, par quelques rappels historiques, la réforme en question. Celle-ci s'inscrit en effet dans une évolution à la fois historique et juridique de la protection sociale en France. A titre emblématique, il en va notamment ainsi des régimes de retraite dits « spéciaux », dont on comprendra mieux ainsi pourquoi certains sont affectés par la réforme, et d'autres ne le sont pas.

Du point de vue juridique, l'ouvrage s'applique, dans sa deuxième partie étudiant chaque article de la loi, à mettre en évidence les difficultés rencontrées lors du débat parlementaire. Ainsi en est-il des commentaires de la décision du Conseil constitutionnel par laquelle celui-ci a, pour l'essentiel, rejeté les griefs soulevés devant lui par les parlementaires plaignants et validé le choix fait par le Gouvernement d'une loi de financement rectificative de la sécurité sociale pour 2023, alors pourtant que le choix de ce véhicule législatif était controversé. Du point de vue économique il met de même en évidence, pour chaque article impactant du projet de loi, les enjeux financiers rapportés par l'étude d'impact préalable à la discussion de la loi. Il s'attache également, tout au long de cette deuxième partie, dans ses notes et ses annexes, à ce que le lecteur puisse retrouver, par référence et selon la situation qui le concerne, la concrétisation de la loi dans sa transposition codifiée et réglementaire.

Enfin le lecteur, qu'il soit universitaire, praticien, enseignant, étudiant, ou simple particulier curieux de mieux comprendre la réforme qui l'a affecté du jour au lendemain, pourra, à la lumière de cette approche objective, historique et juridique, se faire sa propre opinion et mieux anticiper la prochaine réforme … qui ne saurait tarder. Tel est l'objet de la troisième partie de l'ouvrage.

Bernard et Joris

AVANT-PROPOS : Pourquoi et comment ?

Eloge de Pierre Laroque

Le vingtième siècle a été le premier à mettre en place, en France et à l'étranger, de réels systèmes de protection sociale des personnes âgées, reposant non plus tant sur la solidarité familiale que sur la solidarité et la cohésion du corps social dans son ensemble, alors même que l'espérance de vie à la naissance progressait par bonds, profitant des bienfaits et des progrès de la médecine.

Certes, durant sa vie active, on rechigne toujours à se défaire d'un placement financier, la cotisation vieillesse de la sécurité sociale, dont le retour sur investissement paraît lointain et hypothétique, à la différence des autres risques, notamment la maladie ou la maternité, dont on perçoit aisément la plus grande proximité, voire l'immédiateté.

C'est lorsque, par une loi naturelle inéluctable, l'heure est venue de cesser de travailler et donc de faire valoir ses droits à la retraite que l'on comprend toute la portée du préambule de la Constitution du 27 octobre 1946 et de sa référence à la protection que la Nation doit notamment aux vieux travailleurs, énoncée dans son onzième alinéa.

Il suffit, pour comprendre toute l'acuité du problème de la prise en charge de la vieillesse par le corps social, d'écouter les plaintes de ceux qui, en 1945, ont refusé d'entrer dans le système généralisé de sécurité sociale mis en place alors par Pierre Laroque, directeur de la sécurité sociale de 1945 à 1953, qui termina sa carrière en redoutable et redouté président de la section sociale du Conseil d'Etat.

Les « auto-exclus » du système, ce sont ceux-là même qui, victimes du choix alors fait par leurs parents ou grands-parents, eux qui ont refusé d'entrer dans un système qui se voulait à son origine universel, regrettent aujourd'hui la

modicité de leur pension de retraite : agriculteurs, artisans et commerçants notamment.
En admettant même que nos décideurs politiques aient le courage de gérer sainement un système dont le déficit s'accroit d'année en année[1] et de passer outre les protestations qui se font régulièrement entendre, la vieillesse de nos enfants est sombre, sauf à renoncer à cesser de travailler le jour venu.
Il ne suffit pas en effet d'entrer dans notre système de retraite et de cotiser, encore est-il nécessaire de cotiser suffisamment pour justifier du nombre de trimestres de cotisation légalement requis, lequel ne cesse de s'élever.
Le bien-vivre de son troisième, voire de son quatrième âge, est à ce prix. Mais surtout rappelons la mobilisation de la solidarité intergénérationnelle qu'implique la règle de la répartition retenue en 1945 dans laquelle les cotisations versées par un actif par prélèvement sur son revenu d'activité de l'année N financent la retraite d'un travailleur devenu inactif du fait de l'âge qui lui est versée la même année N.
L'avenir de ma propre retraite dépend donc plus du corps social que de moi-même. Pourtant, le système est fragile.
Les travaux d'historiens des 18ème ou 19ème siècle nous rappellent, si besoin était, l'état de mendicité des personnes âgées dont, fort heureusement oserait-on presque dire, l'espérance de vie n'était pas hier celle que nous connaissons aujourd'hui.
La mise en œuvre jour après jour de la solidarité nationale conditionne donc la pérennité du système avec à la clef le retour éventuel de la mendicité dont l'actualité montre chaque jour qu'elle est loin de ne plus être de notre monde.

---

[1] En 2022, le déficit d'exploitation de la Caisse nationale d'assurance vieillesse (CNAV) est en augmentation de 1 890,4 millions, par rapport à l'année précédente. Il atteint 2 915 millions d'euros.

…uer les lanceurs d'alerte, ce que d'autres …plus qualifiés ont fait, à commencer par …rvé Le Bras[1], interrogeons-nous donc, par … conséquences d'une fermeture de nos …oment où la natalité est, partout en Europe, …n cas de baisse significative du nombre des … masse salariale, résultant elle-même, avec …alage, d'une baisse de la natalité, comment … les pensions de retraite de demain ?
…onner une idée de l'ampleur du problème, …eler que le budget des pensions de retraite …45 milliards d'euros, soit près de 14 % du …rieur brut (PIB), une question qui concerne plus de … millions de cotisants au seul régime dit général.
A l'heure de l'individualisme triomphant, il est bon de marteler que la composante qui, seule, permet de garantir la cohésion du corps social comme la pérennité du système, est l'un des volets trop souvent oublié de la trilogie républicaine : la fraternité.

Le présent opuscule a un objectif modeste : mettre à la disposition du lecteur les clés qui lui permettent de se faire une opinion sur la réforme controversée de notre système de retraite, telle que celle-ci résulte de la loi du 14 avril 2023[2].
Pour y parvenir, nous tenterons donc de dresser aussi objectivement que possible un état des lieux de la question après l'entrée en vigueur, le 1er septembre 2023, de cette réforme.

---

[1] Hervé le Bras est un démographe et historien français, chercheur à l'institut d'études démographiques et enseignant à l'École des hautes études en sciences sociales.
[2] Loi n° 2023-270 du 14 avril 2023 de financement rectificative de la sécurité sociale pour 2023.

Cet ouvrage est né d'un constat irréfutable : bie[illegible]
s'adressant à plusieurs dizaines de millions de personn[illegible]
loi du 14 avril 2023 est illisible, y compris par un spéc[illegible]
de la chose juridique. 45 pages de Journal officiel en[illegible]
petits caractères ! Comment le Conseil constitutionne[illegible]
il pu juger que l'objectif d'intelligibilité et de clarté de[illegible]
était atteint ? La loi du 14 avril 2023 : combie[illegible]
forêts abattues ? Tentons donc d'y voir clair ! Te[illegible]
dernière les futaies, de distinguer la clairière !

On l'aura peut-être déjà compris : le présent ouvrage [illegible]
ni un ouvrage militant en faveur de telle ou telle p[illegible]
magique administrée en réponse à l'épineuse questi[illegible]
financement des retraites dans notre pays, où [illegible]
représentent le quart du montant des prestations social[illegible], ni un travail académique de droit social. Plus modestement, le propos est propédeutique. Il est de tenter de fournir au lecteur les clés lui permettant de comprendre la portée de la loi de réforme des retraites du 14 avril 2023. Que dit la loi ? Au-delà de la question du report progressif de l'âge de départ en retraite, a-t-elle des aspects positifs et si oui lesquels ? Cet audit pose une question plus déterminante, celle de savoir si la loi a atteint ses objectifs. Si l'on partage le point de vue des auteurs selon lequel la réponse à cette question est négative, le présent ouvrage ouvrira alors la réflexion et la préparation à une inévitable nouvelle réforme des retraites, probablement après les élections présidentielles de 2027.

[1] Décision n° 2023-849 DC du 14 avril 2023.

Ière Partie :
une lente gestation

CHAPITRE 1
Lire le passé pour éclairer l'avenir

Garantir un revenu au travailleur âgé : un défi qui remonte à l'Ancien régime.

1.1/ Les balbutiements

1673 : On attribue généralement à Colbert et Louis XIV le premier système de pensions de retraite connu en France, au profit des personnels de la marine royale. L'édit de Nancy du 22 septembre 1673 crée en effet une caisse des invalides de la marine royale, destinée à secourir les marins blessés.

1768 : Un siècle plus tard est créé un régime de retraite pour les employés des fermes générales[1].

1789 : En 1789, la Révolution crée une caisse de retraite des fonctionnaires, cependant que la Déclaration des droits du 24 juin 1793 pose le principe du droit à l'assistance en faveur du citoyen « malheureux », soit que la société lui procure un emploi, soit qu'elle lui procure des moyens d'existence. L'idée d'une pension de retraite pour les fonctionnaires est reprise par la loi du 9 juin 1853 qui organise pour ceux-ci un système de retraite par répartition[2]. L'âge de départ à la retraite est fixé à 60 ans.

---

[1] La Ferme générale conçoit le premier système de retraite organisé en France. La délibération du 13 février 1768 crée une caisse « pour procurer des retraites aux employés des brigades que leur vieillesse, leurs infirmités ou des accidents fâcheux mettent hors d'état de service ».

[2] Pour pallier les difficultés de financement des régimes de retraite particuliers, la loi du 9 juin 1853 supprime les différentes caisses et instaure une pension de vieillesse uniforme pour les 158.227 fonctionnaires rétribués par l'État.

Un demi-siècle plus tard encore est créée la caisse de retraite des cheminots, cependant qu'à la fin du 19ème siècle Bismarck dote le Reich récemment créé d'un système de pensions de retraite par répartition, obligatoire et financé par des cotisations ouvrières et patronales qui explique encore aujourd'hui certaines des partialités de notre système de sécurité sociale en Alsace-Moselle, ces trois départements[1] étant alors inclus dans le territoire du Reich à la suite de la défaite française de 1871.

Excepté le cas allemand, les systèmes de retraite connus jusqu'à la fin du 19ème siècle concernent donc principalement les secteurs d'activité que nous rangeons aujourd'hui dans la catégorie des services publics. Il faut attendre jusqu'au 20ème siècle pour assister à la mise en place d'un système généralisé au-delà de la sphère publique.

Ce siècle peut lui-même être découpé en deux parts sensiblement égales : la première moitié du siècle est celle des tentatives avortées ; la seconde est celle de la mise en place, à la faveur de la Libération, d'un système généralisé qui tient compte du passé reçu en héritage et qui implique non seulement l'Etat, mais également les partenaires sociaux.

1.2/ Les tentatives avortées

Loi du 22 mars 1910 : Dans la première moitié du 20ème siècle, plusieurs tentatives pour mettre en place un système généralisé de pensions de retraite voient le jour.

Promulguée le 5 avril 1910, la loi « créant les retraites ouvrières et paysannes » met en place un régime qui fonctionne par capitalisation. Le projet qui instaure le principe d'une affiliation obligatoire est ambitieux et concerne tant les salariés du secteur privé que les agents

[1] Haut-Rhin (68), Bas-Rhin (67) et Moselle (57)

publics, les professions libérales ou le secteur agricole. Sous le contrôle des mairies, un carnet est créé sur lequel sont collées des vignettes correspondant aux cotisations acquittées. Le système mis en place est critiqué de toutes parts en raison notamment de sa complexité mais, de toute façon, deux décisions rendues en 1911 et 1912 par la Cour de cassation le mettent à bas en jugeant que le législateur ne peut pas imposer d'affiliation obligatoire[1].

Loi du 30 avril 1930 : Le projet d'un système de retraites généralisé est repris en 1928 par une loi du 5 avril[2], complétée le 30 avril 1930. Cette nouvelle tentative est moins ambitieuse que celle de 1910 et concerne les seuls salariés du secteur privé. Le système proposé combine la capitalisation qui permet de calculer la pension de base arrêtée, comme en 1910, selon un système de timbres justifiant des cotisations versées et le principe de la répartition qui sert à attribuer des pensions forfaitaires.
La pension entière — calculée sur le salaire moyen de l'ensemble de la carrière — est versée après 30 ans de cotisation. Le salaire sur la base duquel sont calculées les cotisations à verser est plafonné et très bas. Au-delà de ce plafond, les régimes d'affiliation mis en place dans les entreprises antérieurement à la loi demeurent, notamment

---

[1] Gilles Candar et Guy Dreux, « Le sens du mouvement : la loi sur les retraites ouvrières et paysannes », *Cahiers Jaurès*, vol. 1, n° 199, 2011, p. 97-110.

[2] Les lois des 5 avril 1928 et 30 avril 1930 mettent en place un système d'assurances sociales obligatoires pour les salariés dont la rémunération annuelle ne dépasse pas un plafond fixé par la loi. Ces assurances couvrent les risques de maladie, d'invalidité prématurée, de vieillesse, de décès et comportent une participation aux charges de famille, de maternité et de chômage involontaire par manque de travail. L'employeur a l'obligation d'affilier ses salariés et de verser 10% de leurs salaires à titre de cotisations. Celles-ci sont pour moitié à la charge de l'employeur et pour moitié à la charge du salarié.
(*Source : francearchives.gouv.fr*)

en faveur de ceux dont la rémunération excède le plafond et qui sont exclus du système. Enfin, la gestion du système est confiée à divers organismes entre lesquels le salarié peut choisir : caisses mutualistes et caisses syndicales. Coexistant avec une myriade de dispositifs facultatifs, la loi de 1930 à laquelle la guerre viendra porter un coup fatal n'aura qu'une portée limitée.

Loi du 14 avril 1941 : Enfin, après ces tentatives infructueuses, l'allocation aux vieux travailleurs salariés (AVTS) est mise en place par une loi du 14 avril 1941 par le régime de Vichy[1].
C'est l'ancêtre du minimum-vieillesse actuel. Une prestation annuelle de 3 600 francs est assurée aux travailleurs français de plus de 65 ans aux ressources insuffisantes. Faute de prévoir le financement de la mesure, celui-ci est assuré par les fonds collectés en application de la loi de 1930, de sorte que nombreux sont les salariés de 65 ans qui, à la Libération, se trouvent privés de toute ressource, les fonds collectés depuis 1930 étant épuisés.
Avec la fin de la guerre, la constitutionnalisation des droits économiques et sociaux (Préambule de la Constitution du 27 octobre 1946) et leur inclusion dans la déclaration universelle des droits de l'homme en 1948, l'heure est venue de repenser la mise en place d'un système généralisé de protection du risque vieillesse.

[1] Loi du 11 avril 1941 complétant la loi du 14 mars 1941. Le 14 mars 1941, Philippe Pétain, chef de l'État français, annonce à la Radiodiffusion nationale l'entrée en vigueur de la retraite des vieux. La loi est publiée au Journal officiel le lendemain et complétée le 14 avril.

1.3/ La mise en place du système (1945 – 1961)

Ordonnance du 4 octobre 1945 portant organisation de la sécurité sociale[1] : la mise en place d'un système généralisé de couverture du risque vieillesse remonte à la Libération. C'est à cette époque que les droits économiques et sociaux acquièrent rang constitutionnel : ils sont inscrits dans le préambule de la Constitution républicaine de 1946, lequel préambule est maintenu en vigueur dans notre Constitution actuelle dont le Préambule se réfère expressément à celui de 1946. L'ordonnance adoptée par le Gouvernement provisoire de la République française (GPRF) le 4 octobre 1945 crée la sécurité sociale telle que nous la connaissons, sous réserve de l'assurance « autonomie » que l'actualité récente y a ajoutée (cinquième branche)[2]. Le terme est directement repris du Social Security Act adopté aux Etats-Unis dix ans plus tôt, à l'initiative du Président Roosevelt (loi du 14 août 1935[3]).

Le système de protection sociale ainsi institué couvre quatre grands types de risques auxquels correspondent les quatre branches du système. A côté de la maladie, de la maternité et des accidents du travail, la vieillesse est l'un des quatre risques couverts à travers les pensions de retraite, rentes viagères allouées aux travailleurs qui ont cessé leur activité en raison de l'âge ou de leur état de santé. Le projet gouvernemental vise à assurer une couverture universelle du risque, un risque dont la réalisation est certaine, mais de plus en plus lointaine.

---

[1] Ordonnance n° 45-2250 du 4 octobre 1945 portant organisation de la sécurité sociale.

[2] Aujourd'hui, en France, on compte six millions de personnes âgées de plus de 75 ans et 86 % d'entre elles sont dépendantes, soit plus d'un million de personnes. Elles seront un million et demi en 2030 et plus de deux millions en 2060. (*Source : Direction générale de la concurrence, de la consommation et de la répression des fraudes, assurance dépendance.*)

[3] Social security act signé dans le cadre du *New deal*.

Certaines professions s'opposent toutefois à ce projet universaliste et préfèrent conserver leur propre régime de protection catégorielle, le plus souvent antérieur à la guerre. Ainsi, le régime minier remonte à deux lois de 1894[1] et du 25 février 1914[2] qui créent la Caisse autonome de retraite des ouvriers mineurs (CAROM), laquelle sera intégrée en 1946 au système généralisé mis en place (*voir chapitre 2*). Telle est l'origine — historique donc — des régimes dits spéciaux qui coexistent encore à côté du régime dit général, ouvert aux salariés du secteur privé.

L'affiliation à un régime de retraite est obligatoire. Le système mis en place fonctionne par répartition, c'est à dire que les cotisations versées par les actifs l'année N servent à financer les pensions de retraite versées la même année N, ce qui présente le double avantage de permettre le démarrage immédiat du système et d'instaurer une solidarité intergénérationnelle, déclinaison de la fraternité républicaine. L'âge d'ouverture des droits est alors fixé à 65 ans. Ce régime légal ainsi mis en place est communément appelé régime de base.

1947, 1948 : Dans les années qui suivent, ce régime général de base est complété par la mise en place de régimes de base spécifiques en faveur des catégories professionnelles qui avaient refusé d'entrer à l'origine dans le régime général

---

[1] Principalement loi du 29 juin 1894 sur les caisses de secours et de retraites des ouvriers mineurs (JORF du 30 juin 1894) qui institua un véritable régime de prévoyance sociale obligatoire par capitalisation en faveur des travailleurs du sous-sol. On notera que c'est une nouvelle fois un terrible accident minier (Courrières, 10 mars 1906, 1099 morts) qui aboutira à la naissance du code du travail. (Le premier livre du code du travail, intitulé *Code du travail et de la prévoyance sociale*, est adopté par une loi du 28 décembre 1910).

[2] Loi du 25 février 1914 modifiant la loi du 21 juin 1894 et créant une caisse autonome de retraite des ouvriers mineurs (JORF du 26 février 1914).

(artisans, commerçants, professions libérales, régime agricole notamment)[1] d'une part, et, d'autre part, par des régimes mis en place sur une base conventionnelle, sous l'impulsion donc des partenaires sociaux. Une caisse complémentaire de la retraite de base est ainsi créée en 1947 pour les cadres relevant du régime général. C'est l'Association générale des institutions de retraite des cadres (AGIRC)[2].

1956 : En 1956, est institué le minimum vieillesse[3] — réservé aux personnes de plus de 65 ans qui n'ont pas suffisamment cotisé pour prétendre à une pension de retraite. Le minimum vieillesse est financé par l'impôt et géré par le Fonds national de solidarité (FNS) (Fonds de solidarité vieillesse — FSV depuis 1993).

1961 : En 1961 est instituée une caisse complémentaire pour les non-cadres. C'est l'Association pour le régime de retraite complémentaire (ARRCO)[4].

---

[1] La loi n° 48-101 du 17 janvier 1948 a créé une organisation autonome d'allocations vieillesse pour chacun des groupes de professions ci-après : 1° Professions artisanales ; 2° Professions industrielles et commerciales ; 3° Professions libérales ; 4° Professions agricoles

[2] Accords collectifs interprofessionnels du 14 mars 1947.

[3] Article L.815-1 à L.815-12 du code de la sécurité sociale (CSS). Depuis 1956 et jusqu'à la fin de 2006, le minimum vieillesse est un dispositif à deux étages, composé d'allocations dites « de premier étage » et d'une prestation chapeau, l'allocation supplémentaire du minimum vieillesse (ASV). La réforme de 2006 instaure une prestation unique, l'allocation de solidarité aux personnes âgées (ASPA), qui se substitue pour les nouveaux bénéficiaires aux anciennes prestations et permet d'atteindre le même montant de revenu. Depuis 2007, les deux systèmes coexistent : les bénéficiaires du minimum vieillesse regroupent ainsi les détenteurs d'une des deux allocations vieillesse qui permettent d'atteindre le plafond du minimum vieillesse, c'est-à-dire l'ASV ou l'ASPA.

[4] Accord interprofessionnel du 8 décembre 1961.

C'est la dernière pièce du puzzle.
Au début des années soixante, l'architecture du système tel que nous le connaissons aujourd'hui est donc posée. Sa mise en place a nécessité une quinzaine d'années d'efforts. Reste alors à garantir sa pérennité et donc son financement, alors même que ce système doit faire face à des défis démographiques d'importance, liés à l'allongement de l'espérance de vie et, plus récemment, à la baisse généralisée de la natalité dans les pays développés. Tel sera l'objet des réformes successives qui vont intervenir à partir du début des années soixante-dix.

1.4/ Le temps des réformes (depuis 1970)

1971 : La première réforme d'importance intervient en 1971 et est connue sous le nom de « réforme Boulin »[1]. Dans le régime général, la pension passe de 40 à 50 % du salaire des 10 meilleures années (au lieu des dix dernières années jusqu'alors), mais en contrepartie la durée de cotisation nécessaire pour bénéficier d'une retraite à taux plein passe de 120 à 150 trimestres.

1972 : L'année suivante l'affiliation à la retraite complémentaire devient, comme pour la retraite de base, obligatoire[2].

1982 : En 1982, sous l'impulsion du président François Mitterrand nouvellement élu, l'âge légal de départ à la retraite est abaissé de 65 à 60 ans[3].

---

[1] Loi n° 71-1132 du 31 décembre 1971 portant amélioration des pensions de vieillesse du régime général de sécurité sociale et du régime des travailleurs salariés agricoles.

[2] Loi n°72-1223 du 29 décembre 1972 portant généralisation de la retraite complémentaire au profit des salariés et anciens salariés.

[3] Ordonnance n° 82-270 du 26 mars 1982 relative à l'abaissement de l'âge de la retraite des assurés du régime général et du régime des assurances sociales agricoles.

1991 : En 1991, le Livre Blanc sur les retraites[1] émet diverses suggestions de nature à permettre au système de retraite de faire face au vieillissement de la population.

1993 : En 1993, la « réforme Balladur » (loi du 22 juillet 1993)[2] prévoit : 1) l'allongement de la durée de cotisation ouvrant droit à une retraite à taux plein qui passe de 150 à 160 trimestres, 2) la révision de la base de calcul des retraites, assises désormais sur les 25 meilleures années (au lieu de 10), 3) l'indexation des retraites sur les prix (et non plus sur les salaires) et 4) la création du FSV qui prend en charge l'ensemble des dépenses de solidarité (minimum-vieillesse, prise en compte des périodes de chômage, majorations pour enfants à charge).

1999 : En 1999, le fonds de réserve des retraites (FRR) est créé[3], destiné à aider le système de retraites à faire face au « papy-boom ». L'idée est de doter le fonds tant que la génération du « papy-boom » est encore en activité pour aider à financer dans les années à venir les retraites de cette génération — nombreuse — par prélèvement sur les fonds ainsi collectés.

2000 : L'année suivante est installé le Conseil d'orientation des retraites (COR)[4], centre d'expertises et de propositions.

---

[1] Remis le 15 avril 1991, préfacé par le Premier ministre, M. Michel Rocard, le *Livre blanc* présente la situation de l'ensemble des régimes de retraite et leurs perspectives d'évolution.

[2] Loi n° 93-936 du 22 juillet 1993 relative aux pensions de retraite et à la sauvegarde de la protection sociale.

[3] Loi n° 2001-624 du 17 juillet 2001 modifiée par la loi n° 2003-775 du 21 août 2003 portant réforme des retraites, codifiée aux articles L. 135-6 à L. 135-15 du CSS.

[4] Décret n°2000-393 du 10 mai 2000 portant création du Conseil d'orientation des retraites. Le COR est une instance indépendante et

2003 : En 2003 (loi du 21 août 2003 portant réforme des retraites[1]), 1) la durée de cotisation requise pour bénéficier d'une retraite à taux plein est portée à 164 trimestres, dans le secteur public comme dans le secteur privé, 2) une surcote, c'est-à-dire une majoration de la pension à raison des trimestres effectués au-delà de la durée légale, est instaurée, destinée à encourager le report de l'âge de départ à la retraite, 3) de nouveaux produits d'épargne par capitalisation sont créés (PERP, PERCO, PERE), 4) des rendez-vous de « revoyure » tous les 4 ans sont mis en place et 5) une retraite additionnelle (= complémentaire) est instaurée dans la fonction publique.

2007 : En 2007, est esquissée une réforme des régimes spéciaux[2] qui s'alignent progressivement sur celui de la fonction publique d'Etat. Par ailleurs, dans le régime général, est ouverte la possibilité de continuer à travailler jusqu'à l'âge de 70 ans.

2010 : En 2010, l'âge de départ à la retraite est porté à 62 ans au lieu de 60 (réforme « Woerth »)[3].

---

pluraliste d'expertise et de concertation, chargée d'analyser et de suivre les perspectives à moyen et long terme du système de retraite français. (*Source : https://www.cor-retraites.fr/*)

[1] Loi n° 2003-775 du 21 août 2003 portant réforme des retraites.

[2] Exemples : Décret n° 2007-262 du 27 février 2007 relatif au régime de retraite des agents titulaires de la Banque de France, décret n°2007-1056 du 28 juin 2007 relatif aux ressources de la caisse de prévoyance et de retraite du personnel ferroviaire.

[3] Loi n° 2010-1330 du 9 novembre 2010 portant réforme des retraites.

2014 : En 2014, la réforme dite « Touraine »[1] porte la durée requise de cotisations pour bénéficier d'une retraite à taux plein à 172 trimestres (au lieu de 164).

2019 : En 2019, les deux régimes de retraite complémentaires AGIRC et ARRCO fusionnent[2].

2020 : Une tentative de substitution d'un système de retraite[3] par points au système de répartition reste inaboutie. Le régime spécial des cheminots est « fermé ». Depuis le 1ER janvier 2020, les salariés nouvellement embauchés à la SNCF sont affiliés au régime général.

2023 : En 2023, l'âge légal de départ à la retraite est fixé à 64 ans (au lieu de 62).

---

[1] Loi n° 2014-40 du 20 janvier 2014 garantissant l'avenir et la justice du système de retraites.

[2] Accord national interprofessionnel instituant le régime Agirc-Arrco de retraite complémentaire du 17 novembre 2017.

[3] Projet de loi instituant un système universel de retraite (SSAX1936438L). Procédure accélérée du 24 janvier 2020.

CHAPITRE 2
Régime spécial et solidarité nationale : l'exemple du régime des mines

2.1/ Régime spécial de retraite et solidarité nationale

L'opinion publique comme, dans ces dernières années, les gouvernants, ont été sensibles à l'iniquité dont témoignent les régimes de pension de retraite dits spéciaux, accusés d'offrir à leurs affiliés des conditions plus favorables, voire nettement plus favorables, que le droit commun.

En réponse à ces accusations, les pouvoirs publics ont débuté une entreprise d'abrogation de ces régimes.

Les régimes concernés sont « fermés » dans des conditions qui seront détaillées dans l'analyse de l'article 1er de la loi de 2023 qui a franchi un pas décisif (*voir infra, 5.1*). En réalité, la fermeture de ces régimes pose des problèmes nouveaux et non encore abordés à ce jour.

La « fermeture » d'un régime spécial ne fait en effet que reporter sur la collectivité la charge résultant de ces fermetures. L'exemple du régime minier, « fermé » depuis 2010, permet de bien comprendre ce problème, devenu effectif depuis le 1er septembre 2023 et dont l'acuité ira en s'amplifiant dans les prochaines années.

2.2/ Le régime des mines, un régime de retraite qui a traversé le temps

Comme on fait remonter le régime des pensions de retraite dans la marine à Colbert (*voir chapitre 1*), on fait généralement remonter le régime des pensions de retraite minières à Henri IV. Comme expliqué plus haut, (*voir supra 1.3*) un édit de 1604 impose aux exploitants miniers de remettre à leur trésorier un trentième de leurs recettes, afin de soigner gratuitement les travailleurs et d'embaucher un chirurgien. Sous Napoléon, un décret de 1813 crée une caisse de prévoyance pour les mineurs. En 1850 est créée une caisse de retraites ou rentes viagères pour la vieillesse. Sous sa forme actuelle le régime de retraites des mines remonte à une loi du 25 février 1914[1]. Il mixte la capitalisation, les droits acquis dépendant des cotisations payées par l'employeur et par le mineur, et la répartition pour le versement de retraites forfaitaires. Après la Grande Guerre, le système mis en place en 1914 est progressivement amélioré jusqu'à la Libération : extension de la pension de réversion (1920), création des pensions d'invalidité générale (1923), création d'une pension mensuelle pour les orphelins (1925), extension à l'Alsace-Moselle (1935, instauration d'une « allocation temporaire » (1936) bonification spéciale pour travaux de fond (1939)[2]. En 1946, la Caisse autonome nationale de sécurité sociale dans les mines (CANSSM[3]) prend la relève de la Caisse autonome de retraite des ouvriers mineurs (CAROM) et le

[1] Loi du 25 février 1914 modifiant la loi du 21 juin 1894 et créant une caisse autonome de retraites des ouvriers mineurs, JORF du 26 février 1914.

[2] Consulter la fiche de la caisse des dépôts, historique du régime minier : https://politiques-sociales.caissedesdepots.fr/retraite-des-mines/historique

[3] La Caisse autonome nationale de la sécurité sociale dans les mines a pour mission de gérer le régime spécial de sécurité sociale dans les mines. Ce régime comporte trois branches (maladie, maternité, congé de paternité et décès ; accidents du travail et maladies professionnelles ; vieillesse et invalidité). Avec son offre de santé Filieris, la CANSSM est aujourd'hui centrée sur la gestion d'un important dispositif de soins ouvert à toute la population quel que soit son régime de sécurité sociale. En raison d'une baisse du nombre d'affiliés, la CANSSM a délégué ses activités de sécurité sociale à d'autres organismes : la Caisse des dépôts et consignations (CDC) recouvre les cotisations et gère l'assurance vieillesse et l'invalidité du régime minier ; l'Agence nationale pour la garantie des droits des mineurs (ANGDM) gère l'action sanitaire et sociale ; la Caisse nationale de l'assurance maladie (CNAM) est chargée des assurances maladie et accidents du travail et maladies professionnelles.

système actuel est, dans ses grandes lignes, mis en place. Aujourd'hui ce système est en voie d'extinction. Depuis le 1er septembre 2010, il n'accepte plus de nouveaux entrants. Les nouveaux embauchés dans le secteur minier relèvent désormais du régime général, cependant que la gestion des salariés qui à cette date relevaient du régime minier a été transférée, comme vu plus haut, à la Caisse des dépôts et consignations (CDC) (Banque des territoires).

En 2021, les cotisants affiliés au régime minier représentent moins d'un millier de personnes (971) pour plus de 200 000 pensionnés (205 425). Près de la moitié d'entre ces pensionnés sont des bénéficiaires indirects, bénéficiaires d'une pension de réversion. En conséquence, les cotisations des affiliés représentent moins de 1 % des besoins de financement du régime, presque exclusivement pris en charge par la solidarité nationale via la CDC et une ordonnance adoptée en 2005[1] ainsi qu'un décret du 12 décembre 2006[2]. Dans le même temps, la gouvernance du régime a été repensée. Une convention d'objectifs et de moyens fixe pour les 4 années à venir les objectifs à atteindre.

Depuis la Libération, le régime minier des retraites a en effet été exposé à un risque spécifique, qui s'ajoute aux questions démographiques communes à tous les régimes : la chute de la production de charbon, passée de 47 millions de tonnes en 1947 à 2 millions de tonnes en 2003. Tout en préservant les droits des pensionnés, les pouvoirs publics ont donc dû tenter de faire face à ce risque sectoriel spécifique.

---

[1] Ordonnance n° 2005-389 du 28 avril 2005 relative au transfert d'une partie du personnel de la Caisse autonome nationale de la sécurité sociale dans les mines à la Caisse des dépôts et consignations.

[2] Décret n° 2006-1590 du 12 décembre 2006 modifiant le décret n° 46-2769 du 27 novembre 1946 modifié portant organisation de la sécurité sociale dans les mines.

La fermeture d'un régime spécial reporte inéluctablement sur la solidarité nationale une charge croissante dont la durée dépend de l'âge moyen des affiliés et des pensionnés à la date de la fermeture du régime. L'ordre naturel des choses rend inéluctable la survenance d'une date à laquelle les dettes résultant des pensions à verser seront d'un montant supérieur à celui des cotisations payées par les actifs. La solidarité nationale est alors inévitable pour permettre la prise en charge des besoins de financement résultant de la fermeture du régime spécial.

De la fermeture des cinq régimes spéciaux intervenue au 1er septembre 2023 (*voir infra 5.1*) retenons donc à ce stade que l'exemple du régime spécial des mineurs, fermé depuis 2010, nous enseigne que le report sur la solidarité nationale d'une charge correspondant à des pensions qui seront à liquider demain alors même que les cotisations encaissées sont, depuis la date de fermeture, en baisse constante, est inévitable.

IIème Partie :
lire la loi du 14 avril 2023

CHAPITRE 3
Du projet de loi à la loi promulguée

Après le non-aboutissement du projet structurant (mise en place d'un système de retraites par points), soumis au Parlement par le Président de la République lors de son premier quinquennat (*cf. supra 1.4)*, celui-ci s'était promis de mettre en chantier un projet de réforme de notre système de retraites, lequel se devait inévitablement d'être moins ambitieux que le projet inabouti de 2020, dès lors qu'entre-temps le Gouvernement avait au surplus perdu la majorité absolue à l'Assemblée nationale.
Tel est l'objet du projet de loi adopté par le Conseil des ministres du 23 janvier 2023 qui, après un parcours parlementaire tortueux et une vive opposition de la population, deviendra la loi du 14 avril 2023.

3.1/ Vous avez dit PLRFSS ?

3.1.1 : Qu'est-ce qu'une LFSS ou une LFRSS ?

Le véhicule législatif retenu par le Gouvernement pour supporter la réforme du régime juridique des retraites est un projet de loi de financement rectificative (PLFSS rectificatif) de la sécurité sociale pour 2023.
De quoi s'agit-il ? Comme son nom l'indique, un tel projet de loi a pour raison d'être de réviser les prévisions de recettes et de dépenses de la sécurité sociale pour une année donnée, en l'occurrence l'année 2023, telles que celles-ci ont été initialement arrêtées dans la loi de financement de la sécurité sociale (LFSS) pour 2023, selon des règles du jeu qui vont être présentées ci-dessous.
S'agissant de prévisions pour 2023, votées en décembre 2022, les rectifications envisagées, pour impacter ces prévisions, devaient donc nécessairement prendre effet au cours de cette même année 2023.

Ceci explique la date d'entrée en vigueur précipitée de la loi, fixée, pour l'essentiel, au 1er septembre 2023, au mépris de la sécurité juridique des assurés qui, jusqu'au 15 avril 2023, croyaient naïvement qu'ils remplissaient toutes les conditions pour partir en retraite à taux plein au 1er septembre 2023, avant d'apprendre le lendemain qu'il n'en était rien et qu'il leur faudrait justifier d'un trimestre d'assurance travaillé et cotisé supplémentaire.
C'est pourquoi les parlementaires ont dénoncé une pratique gouvernementale qui n'a d'autre objet, selon eux, que de permettre au Gouvernement de disposer par cet artifice de pouvoirs procéduraux renforcés lors du débat parlementaire, des règles de procédure parlementaire particulières s'appliquant aux PLFSS et PLFSSR.
Dès lors, le Gouvernement est accusé de choisir une voie dans laquelle la procédure parlementaire le dote d'armes dont il ne dispose pas dans le cadre de la discussion d'une loi ordinaire, dans la seule perspective de contourner les obstacles auxquels il s'attend dans le cadre de la discussion d'un projet de loi qui soulève une vive opposition.
Si donc cet argument des parlementaires relatif au choix inapproprié du véhicule législatif retenu a été rejeté par le Conseil constitutionnel, on peut certainement être très critique à l'égard de la décision rendue par celui-ci.
De fait, l'incidence de la loi sur les recettes et dépenses de sécurité sociale pour 2023 est pour le moins limitée. Selon l'étude d'impact (*voir infra 3.3*), la mesure phare de la loi, le report de l'âge légal de départ à la retraite et l'augmentation du nombre de trimestres cotisés, devrait procurer 180 millions d'euros supplémentaires seulement pour les différents régimes de retraite de base en 2023, somme dont il faut déduire les dépenses nouvelles résultant des nombreuses mesures introduites en cours de débat, outre celles déjà prévues dans le projet gouvernemental

initial (pension d'orphelin ou assurance vieillesse des aidants — AVA — par exemple).
L'incidence de la loi du 14 avril 2023 sur les recettes et les dépenses de sécurité sociale pour 2023 est donc marginale.
Dans ces conditions, où est la rectification ?
Cette question centrale fera l'objet d'une analyse plus détaillée au chapitre 5, au titre de l'analyse de l'article 7 de la loi (*voir infra, 5.7*).

Ces clarifications apportées, voyons donc plus précisément ce qu'est un PLFSS ou un PLFSSR.
En 1996, une réforme constitutionnelle modifie l'article 34 de la Constitution[1] pour prévoir, à côté de la loi de finances qui fixe le budget de l'Etat pour l'année à venir, une loi dite de financement de la sécurité sociale (LFSS) qui, à l'instar de la loi de finances, fixe pour l'année à venir le budget de la sécurité sociale selon un calendrier et une méthodologie proches de ceux applicables à la loi de finances. Depuis 1997, le Parlement adopte donc, en décembre de chaque année, la LFSS de l'année à venir. Ainsi, le 23 décembre 2022, a été promulguée la LFSS pour 2023[2]. Si les circonstances l'exigent, ce « budget social » annuel initial peut être révisé en cours d'année. C'est la loi de financement rectificative (LFSSR) de la sécurité sociale.
En l'espèce, le projet de loi rectificatif pour l'année 2023 a été transmis à la Présidence de l'Assemblée nationale le 23 janvier 2023[3], soit un mois jour pour jour après la promulgation, le 23 décembre 2022, de la LFSS pour 2023.

---

[1] Loi constitutionnelle n° 96-138 du 22 février 1996.
[2] Loi n° 2022-1616 du 23 décembre 2022 de financement de la sécurité sociale pour 2023.
[3] Projet de loi de financement rectificative de la sécurité sociale n°760 pour 2023, enregistré à la Présidence de l'Assemblée nationale le 23 janvier 2023.
https://www.assemblee-nationale.fr/dyn/16/textes/l16b0760_projet-loi

La question de la pertinence du véhicule législatif retenu par le Gouvernement telle qu'identifiée plus haut renvoie donc à celle de savoir quel événement décisif, survenu entre ces deux dates, serait de nature à légitimer ce choix.
De toute évidence, aucun événement intervenu entre le 23 décembre 2022 et le 23 janvier 2023 n'est de nature à justifier l'adoption d'une loi rectificative et le Gouvernement lui-même ne se prévaut d'ailleurs d'aucun événement de la sorte. Comme indiqué, nous reprendrons cette question au chapitre 5, sous l'analyse de l'article 7 de la loi (*voir infra 5.7*).

3.1.2 : Qu'entend-on par loi organique (LO) ?

Le contenu des LFSS, initiale ou rectificative, est strictement encadré par des dispositions de rang organique. Dans notre Constitution, les lois organiques sont intermédiaires entre la Constitution et la loi. Elles sont prévues à l'article 46[1] de la Constitution, de sorte que le Conseil constitutionnel assimile la méconnaissance de la loi organique à une méconnaissance de la Constitution elle-même.
Dans un code et notamment dans le code de la sécurité sociale (CSS), les dispositions organiques sont numérotées LO. Tout article d'une LFSS ou d'une LFSSR doit donc

---

[1] Article 46 : « *Les lois auxquelles la Constitution confère le caractère de lois organiques sont votées et modifiées dans les conditions suivantes. Le projet ou la proposition ne peut, en première lecture, être soumis à la délibération et au vote des assemblées qu'à l'expiration des délais fixés au troisième alinéa de l'article 42. Toutefois, si la procédure accélérée a été engagée dans les conditions prévues à l'article 45, le projet ou la proposition ne peut être soumis à la délibération de la première assemblée saisie avant l'expiration d'un délai de quinze jours après son dépôt. La procédure de l'article 45 est applicable. Toutefois, faute d'accord entre les deux assemblées, le texte ne peut être adopté par l'Assemblée nationale en dernière lecture qu'à la majorité absolue de ses membres. Les lois organiques relatives au Sénat doivent être votées dans les mêmes termes par les deux assemblées.* »

respecter non seulement les dispositions de rang constitutionnel au sens strict, mais également les dispositions LO lorsque de telles dispositions sont applicables à la matière qui fait l'objet de la loi. Tel est précisément le cas en matière de sécurité sociale. Sans entrer dans le détail, il suffit de retenir que des dispositions prévoient le plan que doit respecter la LFSS. En effet, comme pour le budget de l'Etat, les dispositions de la LFSS ou de la LFSSR relatives aux recettes doivent être examinées avant celles relatives aux dépenses. Dans le même ordre d'idée, on retiendra que les dispositions d'une LFSS comprennent quatre parties se rapportant successivement à l'exercice clos, à l'exercice en cours, aux recettes de l'année à venir et aux dépenses de l'année à venir.

Pour une LFSS rectificative, ces quatre parties sont donc réduites à deux : rectification des recettes de l'année sur laquelle porte la rectification, puis rectification des dépenses prévisionnelles de la même année. Ces deux parties sont donc relatives respectivement aux recettes de l'année sur laquelle porte la rectification des comptes, soit en l'espèce les recettes à réviser de l'année 2023 (Ière partie de la loi), puis les dépenses à réviser de l'année 2023 (IIème partie). En l'occurrence, les articles 1 à 9 de la loi concernent les rectifications de recettes pour 2023 ; les articles 10 à 36 concernent les rectifications des dépenses prévues pour la même année telles qu'elles résultent de la loi. La rectification est issue de la comparaison entre les recettes ou les dépenses figurant dans la loi initiale adoptée en décembre 2022 et les recettes ou dépenses de l'année 2023, modifiées par la loi rectificative.

Les dispositions LO relatives aux LFSS listent par ailleurs de façon limitative les recettes et dépenses qui doivent impérativement figurer dans la LFSS, ainsi que les recettes et dépenses qui peuvent facultativement figurer dans une telle loi.

3.1.3 : Dans ce cadre, quel est le rôle du Conseil constitutionnel ?

Dans ces conditions, il appartenait donc au Conseil constitutionnel, dès lors qu'il était invité à statuer sur la conformité à la Constitution de la loi adoptée (*voir infra 3.4*), de répondre, avant d'examiner la conformité de telle ou telle disposition à la Constitution, à deux questions préalables : le recours à une LFSS rectificative pour 2023 est-il légitime en l'espèce ? Si oui, les dispositions de rang organique applicables aux LFSS rectificatives ont-elles été respectées ?

La question du choix du véhicule législatif retenu par le Gouvernement, à savoir le PLFSS ratificatif pour 2023, a fait l'objet d'un vif débat qui a finalement été tranché par le Conseil constitutionnel en faveur du Gouvernement.

Le Conseil constitutionnel a été saisi de la conformité à la Constitution de la loi votée par la Première ministre, par deux groupes de députés (RN et NUPES) et par un groupe de sénateurs. Il a statué sur ces quatre saisines par sa décision n° 2023-849 DC du 14 avril 2023[1], rendue donc quelques heures seulement avant la promulgation, le même jour, de la loi par le Président de la République. Comme indiqué ci-dessus, les trois saisines parlementaires mettaient en cause le recours à un PLFSS rectificatif en faisant notamment valoir qu'il s'agissait pour le Gouvernement d'un détournement de procédure destiné à permettre l'adoption du texte dans les conditions procédurales particulières prévues pour ces lois. Selon les parlementaires saisissants, la révision des textes applicables

[1] Décision n° 2023-849 DC du 14 avril 2023 Loi de financement rectificative de la sécurité sociale pour 2023 (Non-conformité partielle). https://www.conseil-constitutionnel.fr/decision/2023/2023849DC.htm

en matière de retraite aurait donc dû faire l'objet d'une loi ordinaire (*voir plus haut*).

Pour écarter cet argument, auquel semble s'être rallié le Conseil d'Etat lui-même, le Conseil constitutionnel a fait valoir que rien dans la révision constitutionnelle de 1996 ou dans les travaux préparatoires à cette révision ne limite le recours à un PLFSS rectificatif à certaines hypothèses. Il s'est ensuite attaché à vérifier que la loi comportait bien les deux parties exigées par la loi organique, ainsi que toutes les recettes et les dépenses dont la présence dans la loi est rendue obligatoire par la loi organique (article liminaire, *voir infra, 5.0*) et qu'enfin les recettes et dépenses qui, sans être obligatoires, figuraient dans la loi, étaient bien au nombre de celles qui, aux termes des lois organiques applicables aux LFSS et aux LFSS rectificatives peuvent facultativement figurer dans une LFSS ou une LFSS rectificative. C'est à ce titre que certains articles de la loi, votés par le Parlement, ont pourtant été déclarés non conformes à la Constitution. Dans chaque cas en effet, le Conseil s'est attaché à montrer que les recettes des régimes de base de sécurité sociale pour l'année 2023 résultant de l'article en cause (articles 2, 3, 6) ou les dépenses correspondantes (articles 10, 17 et 35) étaient suffisamment affectées[1] pour justifier de la place de l'article dans une LFSS (*voir infra les points 1 à 12 de la décision 2023-849 DC du Conseil constitutionnel du 14 avril 2023*).

A défaut, la mesure est réputée contraire à la Constitution par le seul motif qu'elle n'a pas sa place dans une LFSSR. Si le Gouvernement souhaite reprendre la mesure figurant dans un article censuré par un tel motif, il devra donc le faire à travers une loi ordinaire.

[1] Article LO.111-3-12 du Code de la sécurité sociale.

Décision du Conseil constitutionnel (points 7 à 12)
Conformité aux lois organiques

« *7. L'article L.O. 111-3-9 du code de la sécurité sociale prévoit qu'une loi de financement rectificative a pour objet de modifier en cours d'année les dispositions obligatoires de la loi de financement de l'année. Les articles L.O. 111-3-10 et L.O. 111-3-11 du même code déterminent les dispositions qu'une loi de financement rectificative de la sécurité sociale doit obligatoirement comporter. L'article L.O. 111-3-12 fixe, quant à lui, les catégories de dispositions facultatives relatives à l'année en cours qui peuvent figurer dans une telle loi. Ses deux premiers alinéas prévoient à cet égard que peuvent notamment y figurer les dispositions relatives à l'année en cours ayant un effet sur les recettes des régimes obligatoires de base ou des organismes concourant à leur financement et celles relatives à l'assiette, au taux et aux modalités de recouvrement des cotisations et contributions affectées aux régimes obligatoires de base ou aux organismes concourant à leur financement.* ***8.*** *Il ne ressort ni des termes des dispositions constitutionnelles et organiques précitées, ni au demeurant des travaux préparatoires des dispositions organiques en vigueur, que le recours à un projet de loi de financement rectificative de la sécurité sociale serait subordonné à d'autres conditions que celles résultant de ces dispositions, et notamment à des conditions qui tiendraient à l'urgence, à des circonstances exceptionnelles ou à un déséquilibre majeur des comptes sociaux.* ***9****. Ainsi, lorsque le Conseil constitutionnel est saisi d'une loi de financement rectificative de la sécurité sociale, il lui appartient seulement de s'assurer qu'elle comporte les dispositions relevant du domaine obligatoire et, pour celles de ses dispositions qui ne relèvent pas de ce domaine, de vérifier qu'elles se rattachent à l'une des catégories mentionnées à l'article L.O. 111-3-12 du code de la sécurité sociale.* ***10****. En l'espèce, d'une part, la loi déférée comprend, au titre des dispositions relevant du domaine obligatoire, l'article liminaire ainsi que les deux parties mentionnées à l'article L.O. 111-3-10 du code de la sécurité sociale et procède, en application de l'article L.O. 111-3-11 du même code, aux rectifications nécessaires des prévisions de recettes et des tableaux d'équilibre, des objectifs de dépenses et de leurs sous-objectifs et des objectifs en matière d'amortissement de la dette.* ***11.*** *D'autre part, si les dispositions relatives à la réforme des retraites, qui ne relèvent pas de ce domaine obligatoire, auraient pu figurer dans une loi ordinaire, le choix qui a* *été fait à l'origine par le Gouvernement de les faire figurer au sein d'une loi de financement rectificative ne méconnaît, en lui-même, aucune exigence constitutionnelle. Il n'appartient pas au Conseil constitutionnel de substituer son appréciation à celle du législateur à cet égard, mais uniquement de s'assurer que ces dispositions se rattachent à l'une des catégories mentionnées à l'article L.O. 111-3-12 du code de la sécurité sociale.* ***12.*** *Dès lors, le grief tiré de ce que le législateur aurait irrégulièrement eu recours à une loi de financement rectificative de la sécurité sociale doit être écarté.* »

3.2/ L'avis du Haut Conseil des finances publiques (HCFP)

Le projet de loi déposé par le Gouvernement sur le bureau de la Présidente de l'Assemblée nationale le 23 janvier 2023 tel qu'il est accessible dans le « dossier législatif » disponible sur le site internet de l'Assemblée nationale[1] est accompagné de deux documents annexes. Ces documents aident à comprendre dans quel contexte démographique, macro-économique et juridique se situe la réforme envisagée.

Le premier de ces deux documents est l'avis rendu par le Haut conseil des finances publiques (HCFP) le 18 janvier 2023[2], soit quelques jours avant le dépôt du texte du projet de loi au Parlement. Cet organisme est issu du traité sur la gouvernance budgétaire européenne signé le 2 mars 2012[3] qui prévoit que dans chacun des 25 Etats signataires une instance indépendante vérifie le respect des règles de solde budgétaire posées par le traité. Placé sous la présidence du

[1] https://www.assemblee-nationale.fr/dyn/16/dossiers/alt/plrfss_pour_2023

[2] Avis n° HCFP - 2023 – 1 relatif au projet de loi de financement rectificative de la sécurité sociale pour 2023, 18 janvier 2023.

[3] Le traité sur la stabilité, la coordination et la gouvernance (TSCG) vise à contraindre les Etats membres de l'UE, et prioritairement ceux de la zone euro, à financer leurs dépenses par leurs recettes et donc à limiter le recours à l'emprunt. Plus communément appelé « pacte budgétaire » européen, il est signé le 2 mars 2012 par 25 Etats membres, avant son entrée en vigueur le 1er janvier 2013.

Premier président de la Cour des comptes, le Haut conseil est un collège d'experts indépendant du Gouvernement et du Parlement qui rend des avis collégiaux qui sont rendus publics. Il est composé de 4 magistrats de la Cour des comptes, de 5 personnes qualifiées et du directeur général de l'INSEE. L'avis demandé a pour objectif de permettre aux pouvoirs publics (Gouvernement et Parlement) de mieux appréhender le contexte macro-économique dans lequel se situe le débat parlementaire qui va s'instaurer, tel que d'ailleurs cet environnement ressort de l'article liminaire du projet de loi (*voir infra 5.0*).
Or, l'avis rendu le 18 janvier 2023 est particulièrement critique. L'institution relève que si elle est en mesure de se prononcer sur la portée, limitée, de la réforme pour l'exercice 2023, les informations lacunaires transmises par le Gouvernement ne lui permettent pas de se prononcer sur la portée à moyen terme de la réforme projetée. Le Conseil estime de la même façon être dans l'incapacité de vérifier la cohérence des hypothèses économiques sur lesquelles repose le projet de loi avec les engagements européens de la France. Le Conseil estime encore que les hypothèses de croissance retenues par le Gouvernement restent élevées, d'où un solde public et un niveau de dette publique qui pourraient être plus dégradés que ne le prévoit le Gouvernement.
En résumé donc, le projet de loi s'inscrit dans un environnement macro-économique qui pourrait révéler des besoins de financement supérieurs à ceux retenus par le projet de loi, tout en n'ayant, estime le Haut conseil, qu'une portée limitée sur les recettes et dépenses de l'année 2023.
Cet avis a été rendu le 18 janvier 2023, soit à une date à laquelle le Parlement n'était pas encore saisi du projet de loi rectificatif. Pour en tenir compte utilement et répondre aux critiques qui lui étaient adressées, notamment quant au caractère lacunaire des informations transmises, le

Gouvernement avait donc la possibilité de différer la saisine du Parlement, ce qui aurait permis de mettre à profit ce report pour compléter la saisine du Haut conseil. Il n'en a rien été. En réalité, l'examen analytique de la loi qui fait l'objet du chapitre 5 confirmera le caractère approximatif d'un certain nombre des chiffrages sur lesquels s'appuie le Gouvernement.

3.3/ L'étude d'impact

Depuis 2009[1], le Gouvernement doit accompagner le projet de loi qu'il propose au Parlement d'une étude dite étude d'impact qui n'est toutefois que facultative dans le cas des lois de financement de la sécurité sociale.
Par commodité, l'ouvrage reprend la terminologie qui est celle retenue par le site internet de l'Assemblée nationale, bien qu'il soit précisément fait grief au Gouvernement de ne pas avoir produit d'étude d'impact.
Pour répondre aux exigences de la loi organique, le Gouvernement a transmis au Parlement outre le projet de loi lui-même un ensemble de fiches qui, article par article, présentent l'objectif de la mesure et les diverses conditions de sa mise en œuvre.
Chaque fiche est en outre assortie d'une annexe qui est une présentation consolidée des différentes mesures, c'est-à-

---

[1] La loi organique du 15 avril 2009 a instauré l'obligation de joindre une étude d'impact à certains projets de loi afin de mieux éclairer les choix effectués en matière de législation, améliorer la qualité de la loi et lutter contre l'inflation normative. L'article 8 dispose que les documents rendant compte de l'étude d'impact « définissent les objectifs poursuivis par le projet de loi, recensent les options possibles en dehors de l'intervention de règles de droit nouvelles et exposent les motifs du recours à une nouvelle législation ». La réalisation d'une étude d'impact ne s'impose donc ni pour les propositions de loi, ni pour les projets d'ordonnance, ni pour les amendements d'origine parlementaire comme gouvernementale. (*Source :* https://www.lecese.fr/content/etude-dimpact-mieux-evaluer-pour-mieux-legiferer)

dire une présentation des normes juridiques modifiées par la mesure législative proposée, loi et décrets, en intégrant directement dans le texte de la disposition que le projet de loi se propose de modifier la nouvelle rédaction de l'article ou des articles en cause, telle que celle-ci résulte de la modification ressortant du projet de loi proposé.
Chaque fiche annexe se présente donc sous la forme d'un tableau de deux colonnes faisant apparaître pour chaque article modifié, sur la colonne de gauche, le texte en vigueur et, sur la colonne de droite, le texte modifié. C'est ce document qui est accessible sur le site internet de l'Assemblée nationale sous l'intitulé « étude d'impact ».
En l'espèce, l'étude d'impact préparée par la Direction de la sécurité sociale du ministère chargé de la sécurité sociale est un document de pas moins de 174 pages, en petits caractères. Elle concerne 13 articles d'un projet de loi qui en comporte 20.
La consultation de ce document a néanmoins permis d'accéder au détail du chiffrage des différentes mesures proposées, soit qu'elles permettent de dégager des recettes nouvelles (allongement de la durée de cotisation et report de l'âge légal au départ en retraite) ou au contraire qu'elles entraînent des surcoûts qu'il a fallu évaluer. Le solde net résultant de cette comparaison entre recettes et dépenses permettra ainsi à chacun d'apprécier l'opportunité de la loi votée, compte tenu de son rendement net.

3.4/ Que dit le Conseil constitutionnel ? Quelle est la portée de sa décision ?

La question du véhicule législatif étant tranchée (*voir supra 3.1*), le Conseil s'est attaché à répondre à chacun des griefs soulevés par les saisines parlementaires concernant la procédure d'adoption de la loi.
A ce titre, il a écarté successivement les griefs relatifs aux règles et délais d'examen du texte (*voir infra points 13 à 19*

de la décision), à l'engagement de la responsabilité du Gouvernement (*points 20 à 27 de la décision*), à la procédure du tirage au sort retenue par l'Assemblée nationale pour sélectionner, parmi les motions reçues à ce sujet, celle qui serait retenue pour être examinée au titre du renvoi du projet à la procédure référendaire (*points 28 à 31 de la décision*), à celle de l'opposition du Gouvernement à l'examen de certains sous-amendements au texte (*points 32 à 35 de la décision*), au recours au vote bloqué (*points 36 à 39 de la décision*), à la procédure de clôture des débats (*points 40 à 44 de la décision*), à l'examen prioritaire de certains amendements (*points 45 à 51 de la décision*), à l'examen de la recevabilité des amendements (*points 52 à 57 de la décision*), aux documents joints au projet de loi (*points 58 à 65 de la décision*), à celle de l'application cumulative de certaines procédures (*points 66 à 70 de la décision*), à la sincérité de la loi (*points 71 à 75 de la décision*).

Décision du Conseil constitutionnel (points 13 à 19)
Règles et délais d'examen (article 47-1)

*« **13.** Les sénateurs requérants soutiennent que les délais prévus à l'article 47-1 de la Constitution pour l'examen des projets de loi de financement de la sécurité sociale ne sont pas applicables à la catégorie particulière des lois de financement rectificatives. **14.** Rejoints par les députés, ils considèrent que, en tout état de cause, ces délais resserrés ne pouvaient être appliqués pour l'examen du texte déféré, faute d'être justifiés en l'espèce par l'urgence de corriger un risque de déséquilibre des comptes de la sécurité sociale. Les députés auteurs de la troisième saisine et les sénateurs contestent en particulier la transmission, selon eux injustifiée, du projet de loi au Sénat dès l'expiration du délai d'examen de vingt jours imparti à l'Assemblée nationale par le deuxième alinéa de l'article 47-1 de la Constitution. **15.** Aux termes de l'article 47-1 de la Constitution : « Le Parlement vote les projets de loi de financement de la sécurité sociale dans les conditions prévues par une loi organique. « Si l'Assemblée nationale ne s'est pas prononcée en première lecture dans le délai de vingt jours après le dépôt d'un*

projet, le Gouvernement saisit le Sénat qui doit statuer dans un délai de quinze jours. Il est ensuite procédé dans les conditions prévues à l'article 45. « Si le Parlement ne s'est pas prononcé dans un délai de cinquante jours, les dispositions du projet peuvent être mises en œuvre par ordonnance. Les délais prévus au présent article sont suspendus lorsque le Parlement n'est pas en session et, pour chaque assemblée, au cours des semaines où elle a décidé de ne pas tenir séance, conformément au deuxième alinéa de l'article 28 ». ***16.*** *L'article L.O. 111-3 du code de la sécurité sociale prévoit : « Ont le caractère de loi de financement de la sécurité sociale : ... 2 ° La loi de financement rectificative de la sécurité sociale ».* ***17.*** *Il résulte du texte même de ces dispositions que les délais d'examen ainsi prévus sont applicables à la loi de financement de l'année comme aux lois de financement rectificatives, qui modifient en cours d'année les dispositions de cette dernière, et que l'urgence ne constitue pas une condition de leur mise en œuvre.* ***18.*** *Dès lors, en saisissant le Sénat du projet de loi de financement rectificative de la sécurité sociale pour 2023 une fois écoulé le délai de vingt jours imparti à l'Assemblée nationale pour se prononcer en première lecture, le Gouvernement s'est borné à faire application des règles particulières d'examen découlant de l'article 47-1 de la Constitution. Au demeurant, eu égard à l'état d'avancement de l'examen du projet de loi par l'Assemblée nationale à l'issue de ce délai, la prolongation des débats devant cette chambre n'aurait pas permis l'adoption de ce texte.* ***19.*** *Il résulte de tout ce qui précède qu'aucune exigence constitutionnelle n'a été méconnue lors de la mise en œuvre de la procédure prévue à l'article 47-1 de la Constitution. »*

Décision du Conseil constitutionnel (points 20 à 27)

Engagement de la responsabilité du Gouvernement (article 49-3)

« 20. *Les députés auteurs de la deuxième saisine soutiennent que la Première ministre ne pouvait, comme elle l'a fait, engager la responsabilité du Gouvernement devant l'Assemblée nationale sur le vote de l'ensemble du projet de loi lors de la lecture des conclusions de la commission mixte paritaire, alors que les dispositions de l'article L.O. 111-7-1 du code de la sécurité sociale imposeraient, selon eux, un vote successif sur ses deux parties.* ***21.*** *Selon le troisième alinéa de l'article 49 de la Constitution : « Le Premier ministre peut, après délibération du Conseil des ministres, engager la responsabilité du*

Gouvernement devant l'Assemblée nationale sur le vote d'un projet de loi de finances ou de financement de la sécurité sociale. Dans ce cas, ce projet est considéré comme adopté, sauf si une motion de censure, déposée dans les vingt-quatre heures qui suivent, est votée dans les conditions prévues à l'alinéa précédent. Le Premier ministre peut, en outre, recourir à cette procédure pour un autre projet ou une proposition de loi par session ». L'exercice de la prérogative ainsi conférée au Premier ministre n'est soumis à aucune autre condition que celles posées par ces dispositions. La révision constitutionnelle du 23 juillet 2008 n'a pas modifié les conditions dans lesquelles la responsabilité du Gouvernement peut être engagée sur le vote d'une loi de finances ou d'une loi de financement de la sécurité sociale. ***22.*** *S'il résulte du paragraphe II de l'article L.O. 111-7-1 du code de la sécurité sociale que la partie du projet de loi de financement rectificative relative aux dépenses ne peut être mise en discussion avant l'adoption de la partie relative aux recettes et à l'équilibre général, le troisième alinéa de l'article 45 de la Constitution prévoit : « Le texte élaboré par la commission mixte peut être soumis par le Gouvernement pour approbation aux deux Assemblées. Aucun amendement n'est recevable sauf accord du Gouvernement ».* ***23.*** *Dès lors, la Première ministre pouvait, au stade de la lecture des conclusions de la commission mixte paritaire, engager la responsabilité du Gouvernement sur le vote de l'ensemble du projet de loi.* ***24.*** *Il résulte de ce qui précède qu'aucune exigence constitutionnelle n'a été méconnue lors de la mise en œuvre de la procédure prévue par le troisième alinéa de l'article 49 de la Constitution.* ***27.*** *Les règlements des assemblées parlementaires n'ayant pas en eux-mêmes valeur constitutionnelle, la seule méconnaissance des dispositions réglementaires invoquées ne saurait avoir pour effet de rendre la procédure législative contraire à la Constitution. »*

Décision du Conseil constitutionnel (points 28 à 31)
Propositions de loi référendaire

« ***28.*** *Les députés auteurs de la troisième saisine critiquent la procédure retenue par la conférence des présidents de l'Assemblée nationale pour sélectionner la motion visant à soumettre le projet de loi de financement rectificative de la sécurité sociale pour 2023 au référendum. Ils estiment en effet que, en l'absence de pondération*

appliquée à chaque motion au regard de son nombre de signataires, le recours à un tirage au sort a entraîné une rupture d'égalité entre les membres du Parlement de nature à porter atteinte à la clarté et à la sincérité du débat parlementaire et au libre exercice du mandat. ***29.*** *En application du premier alinéa de l'article 11 de la Constitution, certains projets de loi peuvent être soumis au référendum par le Président de la République sur proposition conjointe des deux assemblées. Selon le premier alinéa de l'article 122 du règlement de l'Assemblée nationale, « Lors de la discussion d'un projet de loi portant sur un objet mentionné à l'article 11, alinéa 1, de la Constitution, il ne peut être présenté qu'une seule motion tendant à proposer de soumettre ce projet au référendum ».* ***30.*** *En l'espèce, plusieurs motions ayant été déposées en vue de proposer au Président de la République de soumettre au référendum le projet de loi, la conférence des présidents a arrêté, en application du premier alinéa de l'article 49 du règlement de l'Assemblée nationale qui lui confie l'organisation de la discussion des textes, les modalités de sélection de la motion devant être présentée devant l'Assemblée nationale.* ***31.*** *En prévoyant, comme il lui était loisible de le faire, de procéder à cette fin à un tirage au sort sans prévoir de pondération en fonction du nombre de signataires de chacune des motions, la conférence des présidents, qui a ainsi sélectionné l'une des motions déposées, n'a porté atteinte ni à la clarté et à la sincérité du débat parlementaire ni au libre exercice du mandat. »*

Décision du Conseil constitutionnel (points 32 à 35)
Droit parlementaire d'amendement

« ***32.*** *Les sénateurs requérants reprochent au Gouvernement de s'être opposé à l'examen d'amendements qui n'avaient pas été préalablement soumis à la commission saisie au fond, alors que cette circonstance aurait résulté du refus de la présidente de cette commission de tenir une réunion à cette fin. Il en résulterait, selon eux, une atteinte au droit d'amendement des parlementaires.* ***33.*** *Aux termes du deuxième alinéa de l'article 44 de la Constitution : « Après l'ouverture du débat, le Gouvernement peut s'opposer à l'examen de tout amendement qui n'a pas été antérieurement soumis à la commission ».* ***34.*** *En application du deuxième alinéa de l'article 44 de la Constitution, le Gouvernement s'est opposé, après l'ouverture des débats, à l'examen de certains sous-*

amendements qui n'avaient pas été préalablement soumis à la commission saisie au fond. Ces sous-amendements avaient été déposés plusieurs jours après le dépôt des amendements sur lesquels ils portaient et peu de temps avant leur discussion, alors que la commission s'était réunie dans l'intervalle. ***35.*** *Dès lors, la circonstance que ces sous-amendements n'aient pas pu être défendus par leurs auteurs est insusceptible d'avoir porté, en l'espèce, une atteinte substantielle au droit d'amendement des parlementaires »*
.

Décision du Conseil constitutionnel (points 36 à 39)
Recours au vote bloqué

« ***36.*** *Les sénateurs requérants reprochent au Gouvernement d'avoir fait application de la procédure du vote bloqué. Il en résulterait une atteinte aux exigences de clarté et de sincérité du débat parlementaire.* ***37.*** *Aux termes du troisième alinéa de l'article 44 de la Constitution : « Si le Gouvernement le demande, l'assemblée saisie se prononce par un seul vote sur tout ou partie du texte en discussion en ne retenant que les amendements proposés ou acceptés par le Gouvernement ».* ***38.*** *En l'espèce, le recours par le Gouvernement à la procédure du vote bloqué n'a pas eu pour effet de faire obstacle à la discussion de chacune des dispositions du texte sur lequel il était demandé au Sénat de se prononcer par un seul vote.* ***39.*** *Dès lors, le recours à cette procédure n'a pas porté atteinte aux exigences de clarté et de sincérité du débat parlementaire. »*

Décision du Conseil constitutionnel (points 40 à 44)
Procédure de clôture des débats

« ***40.*** *Les sénateurs requérants font valoir que le recours répété à la procédure de clôture des débats prévue par l'article 38 du règlement du Sénat aurait porté atteinte aux exigences de clarté et de sincérité du débat parlementaire.* ***41.*** *Aux termes du premier alinéa de l'article 38 du règlement du Sénat : « Lorsqu'au moins deux orateurs d'avis contraire sont intervenus dans la discussion générale d'un texte, sauf application de l'article 29 ter, sur l'ensemble d'un article ou dans les*

explications de vote portant sur un amendement, un article ou l'ensemble du texte en discussion, le président, un président de groupe ou le président de la commission saisie au fond peut proposer la clôture de ladite discussion ». ***42.*** *En l'espèce, il a été fait droit à six demandes de clôture au cours de la séance publique. Chacune de ces demandes a fait l'objet d'un débat dans des conditions ne méconnaissant pas les exigences de clarté et de sincérité des débats.* ***43.*** *Ainsi, au demeurant, la première de ces demandes, qui portait sur les explications de vote sur les amendements de suppression de l'article 7 du projet de loi, n'a été formulée qu'au sixième jour des débats en séance publique et faisait suite à soixante-quatre prises de parole sur cet article, ainsi qu'à la défense de cinquante-cinq amendements de suppression.* ***44.*** *Dès lors, le grief tiré de ce que les clôtures des débats auraient méconnu les exigences de clarté et de sincérité du débat parlementaire doit être écarté. »*

Décision du Conseil constitutionnel (points 45 à 51)
Examen en priorité de certains amendements

« ***45.*** *Les sénateurs requérants font valoir que les demandes de priorité qui ont été formulées au cours de l'examen en séance publique du projet de loi avaient pour seul objet d'empêcher l'examen de nombreux amendements, en méconnaissance des exigences de clarté et de sincérité du débat parlementaire.* ***46.*** *Conformément au sixième alinéa de l'article 44 du règlement du Sénat, les demandes de priorité ou de réserve ont pour effet, en cas d'adoption, de modifier l'ordre de discussion des articles d'un texte ou des amendements. Lorsqu'elle est demandée par la commission saisie au fond, la priorité ou la réserve est de droit, sauf opposition du Gouvernement.* ***47.*** *Il ne peut être recouru à la priorité de discussion si celle-ci prive d'effet les exigences de clarté et de sincérité du débat parlementaire.* ***48.*** *Lors des débats en séance publique, il a été fait droit à plusieurs demandes de la commission saisie au fond d'examen en priorité d'amendements modifiant notamment la rédaction de l'article 7 du projet de loi.* ***49.*** *En premier lieu, contrairement aux affirmations des sénateurs requérants, les dispositions de l'article 44 du règlement du Sénat permettent de déroger à l'ordre d'examen des amendements prévu par l'article 46 bis du même règlement selon lequel sont d'abord mis aux voix les amendements de suppression puis les autres amendements en*

commençant par ceux qui s'écartent le plus du texte proposé. ***50.*** *En second lieu, si l'application de ces dispositions a conduit à ce que mille trois cents amendements n'aient pas pu être présentés par leurs auteurs du fait de l'adoption des amendements appelés en priorité avec lesquels ils étaient incompatibles ou qui les ont rendus sans objet, cette circonstance n'a pas eu pour effet de porter une atteinte substantielle aux exigences de clarté et de sincérité du débat parlementaire, eu égard au contenu des amendements, au stade de la procédure auquel la demande de priorité est intervenue et aux conditions générales du débat marqué par le dépôt d'un nombre exceptionnellement élevé d'amendements.* ***51.*** *Dès lors, le grief tiré de ce que l'examen en priorité de certains amendements aurait méconnu les exigences de clarté et de sincérité du débat parlementaire doit être écarté. »*

Décision du Conseil constitutionnel (points 52 à 57)
Recevabilité des amendements

« ***52.*** *Les sénateurs requérants font valoir que plusieurs milliers de leurs sous-amendements déposés sur l'article 7 du projet de loi auraient été déclarés irrecevables à tort ou sans examen approfondi par la commission saisie au fond, en méconnaissance du droit d'amendement et des exigences de clarté et de sincérité du débat parlementaire.* ***53.*** *Aux termes du quatrième alinéa de l'article 44 bis du règlement du Sénat : « Sauf dispositions spécifiques les concernant, les sous-amendements sont soumis aux mêmes règles de recevabilité et de discussion que les amendements. En outre, ils ne sont recevables que s'ils n'ont pas pour effet de contredire le sens des amendements auxquels ils s'appliquent ». Aux termes du neuvième alinéa du même article : « La commission saisie au fond, tout sénateur ou le Gouvernement peut soulever à tout moment de la discussion en séance publique, à l'encontre d'un ou plusieurs amendements, une exception d'irrecevabilité fondée sur le présent article. L'irrecevabilité est admise de droit et sans débat lorsqu'elle est affirmée par la commission au fond ».* ***54.*** *Il résulte de l'instruction que les décisions d'irrecevabilité opposées à certains sous-amendements ont été prononcées soit parce qu'ils contredisaient l'amendement auquel ils se rapportaient ou qu'ils ne s'appliquaient pas au texte visé, soit parce que leurs dispositions étaient contraires au principe d'égalité devant la loi.* ***55.*** *En tout état de cause, les sénateurs requérants ne précisent ni*

le nombre ni l'objet des sous-amendements qui auraient été déclarés irrecevables à tort dans des conditions susceptibles de porter une atteinte substantielle à la clarté et à la sincérité du débat parlementaire, eu égard au contenu de ces amendements, au stade de la procédure auquel leur a été opposée l'irrecevabilité et aux conditions générales du débat. ***56.*** *Par conséquent, les griefs tirés de ce que l'examen de la recevabilité des amendements aurait méconnu le droit d'amendement et les exigences de clarté et de sincérité du débat parlementaire doivent être écartés.* ***57.*** *Il résulte de tout ce qui précède que les griefs tirés de la méconnaissance du droit d'amendement et des exigences de clarté et de sincérité du débat parlementaire doivent être écartés. »*

Décision du Conseil constitutionnel (points 58 à 70)
Documents joints au projet de loi

« ***58.*** *Les députés auteurs des deuxième et troisième saisines soutiennent que des éléments incomplets leur auraient été présentés sur les conséquences de la réforme et, en particulier, que certains ministres auraient délivré, lors de leurs interventions à l'Assemblée nationale et dans les médias, des informations erronées sur les montants de pension de retraite qui seront versés à certaines catégories d'assurés.* ***59.*** *Les députés auteurs de la troisième saisine font par ailleurs valoir que le projet de loi n'aurait pas été accompagné de tous les documents exigés par l'article L.O. 111-4-3 du code de la sécurité sociale. Ils soutiennent également que l'évaluation préalable des articles du projet de loi n'aurait comporté aucune information relative aux économies par décile de revenus et par genre permises par le report de l'âge de départ à la retraite ni d'évaluation de l'incidence de ce report sur les dépenses sociales, sur le solde des administrations publiques, sur le chômage et sur l'attractivité de certaines professions. Ils allèguent en outre que le « rapport sur les objectifs et les effets du projet de réforme des retraites » aurait comporté des erreurs sur les effets économiques attendus de cette même réforme.* ***60.*** *En premier lieu, l'article L.O. 111-4-2 du code de la sécurité sociale prévoit : « Le projet de loi de financement rectificative est accompagné d'un rapport décrivant, pour les quatre années à venir, les prévisions de recettes et les objectifs de dépenses des régimes obligatoires de base, par branche, les prévisions de recettes et de dépenses des organismes concourant au financement de ces régimes ainsi que l'objectif national de dépenses d'assurance*

*maladie ». **61.** L'article L.O. 111-4-3 du même code prévoit : « Sont jointes au projet de loi de financement rectificative des annexes : « 1 ° Présentant des éléments d'information relatifs à l'équilibre des finances sociales, notamment :*
« a) En détaillant, par catégorie et par branche, la liste et l'évaluation des recettes, des dépenses et du solde de l'ensemble des régimes obligatoires de base ainsi que de chaque organisme concourant au financement de ces régimes, à l'amortissement de leur dette ou à la mise en réserve de recettes à leur profit ;
« b) En justifiant les besoins de trésorerie des régimes et organismes habilités par le projet de loi de financement rectificative à recourir à des ressources non permanentes ;
« c) En détaillant l'effet des mesures du projet de loi de financement rectificative ainsi que des mesures réglementaires ou conventionnelles prises en compte par ce projet sur les comptes des régimes obligatoires de base ainsi que sur l'objectif national de dépenses d'assurance maladie, au titre de l'année en cours et, le cas échéant, des années ultérieures ;
« 2 ° Précisant, si le projet de loi de financement rectificative prévoit une modification de l'objectif national de dépenses d'assurance maladie, le périmètre de l'objectif national de dépenses d'assurance maladie et sa composition en sous-objectifs ... ;
*« 3 ° Comportant, pour les dispositions relevant de l'article LO 111-3-12, les documents mentionnés aux dix derniers alinéas de l'article 8 de la loi organique n° 2009-403 du 15 avril 2009 relative à l'application des articles 34-1, 39 et 44 de la Constitution ». **62.** D'une part, le projet de loi dont est issue la loi déférée était accompagné de l'ensemble des documents exigés par les articles L.O. 111-4-2 et L.O. 111-4-3 du code de la sécurité sociale. Il était ainsi accompagné, en annexe, d'un rapport décrivant, pour les quatre années à venir, les prévisions de recettes et les objectifs de dépenses des régimes obligatoires de base, par branche, les prévisions de recettes et de dépenses des organismes concourant au financement de ces régimes ainsi que des annexes exigées par les 1 ° et 3 ° de l'article L.O. 111-4-3. Par ailleurs, en l'absence de modification de l'objectif national de dépenses d'assurance maladie, le projet de loi n'avait pas à être accompagné de l'annexe exigée au 2 ° de l'article L.O. 111-4-3. **63.** D'autre part, l'annexe exigée par le 3 ° de l'article L.O. 111-4-3 traitait de l'ensemble des questions énumérées aux dix derniers alinéas de l'article 8 de la loi organique du 15 avril 2009 mentionnée ci-dessus. **64.** En deuxième lieu, il ne résulte pas de l'instruction que le « rapport sur les objectifs et les effets du projet de réforme des retraites » que le Gouvernement a choisi de joindre au projet de loi dont est issue la loi*

déférée aurait comporté des erreurs sur les effets économiques attendus de cette même réforme de nature à affecter la clarté et la sincérité des débats. ***65.*** *En dernier lieu, la circonstance que certains ministres auraient délivré, lors de leurs interventions à l'Assemblée nationale et dans les médias, des estimations initialement erronées sur le montant des pensions de retraite qui seront versées à certaines catégories d'assurés, est sans incidence sur la procédure d'adoption de la loi déférée dès lors que ces estimations ont pu être débattues. »*

Décision du Conseil constitutionnel (points 66 à 68)
Cumul des procédures

« ***66.*** *Les députés auteurs de la deuxième saisine soutiennent que la mise en œuvre cumulative des dispositions de l'article 47-1 et du troisième alinéa de l'article 49 de la Constitution aurait constitué une entrave au bon déroulement du débat démocratique, et ce d'autant plus que les délais prévus à l'article 47-1 auraient incité certains députés à déposer un grand nombre d'amendements pour faire obstruction à la poursuite des débats et ainsi empêcher l'Assemblée nationale de se prononcer sur l'ensemble des dispositions du projet de loi.* ***67.*** *Les députés auteurs de la troisième saisine, rejoints par les sénateurs requérants, font valoir que, si l'utilisation de chacune des procédures mises en œuvre en l'espèce afin d'accélérer l'adoption de la loi déférée pourrait être regardée comme conforme à la Constitution, leur usage cumulatif aurait eu pour effet de faire obstacle à ce que le droit d'amendement des parlementaires puisse s'exercer pleinement, en méconnaissance des exigences de clarté et de sincérité du débat parlementaire.* ***68.*** *D'une part, il résulte des termes mêmes de la première phrase du troisième alinéa de l'article 49 de la Constitution que le constituant a entendu permettre au Premier ministre d'engager la responsabilité du Gouvernement devant l'Assemblée nationale sur le vote d'un projet de loi de financement de la sécurité sociale examiné dans les conditions prévues par son article 47-1. Il n'a, en outre, pas limité l'usage de cette faculté à un seul projet de loi de financement par session, comme il l'a fait pour d'autres projets ou propositions de loi.* ***69.*** *D'autre part, la circonstance que plusieurs procédures prévues par la Constitution et par les règlements des assemblées aient été utilisées cumulativement pour accélérer l'examen de la loi déférée, n'est pas à elle seule de nature à rendre inconstitutionnel l'ensemble de la*

procédure législative ayant conduit à l'adoption de cette loi. ***70.*** *En l'espèce, si l'utilisation combinée des procédures mises en œuvre a revêtu un caractère inhabituel, en réponse aux conditions des débats, elle n'a pas eu pour effet de rendre la procédure législative contraire à la Constitution. Par conséquent, la loi déférée a été adoptée selon une procédure conforme à la Constitution. »*

Décision du Conseil constitutionnel (points 71 à 75)
Sincérité de la loi

« ***71.*** *Les députés auteurs de la deuxième saisine soutiennent que la loi déférée méconnaîtrait le principe de sincérité et le dix-neuvième alinéa de l'article 34 de la Constitution. Au soutien de ces griefs, ils font valoir que l'avis rendu par le Haut conseil des finances publiques révèlerait l'intention du Gouvernement de fausser les grandes lignes de l'équilibre de la sécurité sociale et que le projet de loi n'aurait comporté aucune évaluation des conséquences du report de l'âge de départ à la retraite à « moyen terme ».* ***72.*** *Aux termes de l'article L.O. 111-3-10 du code de la sécurité sociale, la loi de financement rectificative de la sécurité sociale « comprend deux parties : ... Une première partie correspondant à la partie de la loi de financement de l'année comprenant les dispositions relatives aux recettes et à l'équilibre général ... Une seconde partie correspondant à la partie de la loi de financement de l'année comprenant les dispositions relatives aux dépenses ». En vertu de la première phrase du 2 ° de l'article L.O. 111-3-4 la loi de financement de la sécurité sociale de l'année détermine, pour l'année en cours, « de manière sincère, les conditions générales de l'équilibre financier de la sécurité sociale compte tenu notamment des conditions économiques générales et de leur évolution prévisible ». Il en résulte que la sincérité de la loi de financement rectificative de la sécurité sociale se caractérise par l'absence d'intention de fausser les grandes lignes de l'équilibre qu'elle détermine pour l'année en cours.* ***73.*** *En premier lieu, dans son avis rendu le 18 janvier 2023 mentionné ci-dessus sur le projet de loi dont est issue la loi déférée, le Haut conseil des finances publiques a considéré que la prévision de croissance de 1 % retenue par le projet de loi ne pouvait être exclue. Par ailleurs, s'il a estimé que la prévision d'inflation de 4,1 % était « un peu basse », il a au demeurant souligné*

que l'évolution des prix en 2023 « reste incertaine ». Enfin, si l'hypothèse d'une progression de la masse salariale lui est apparue « également faible », il a en tout état de cause souligné qu'en la matière, « les incertitudes demeurent fortes ». Ainsi, il ne ressort pas de l'avis du Haut conseil des finances publiques que les hypothèses économiques pour l'année 2023 sur lesquelles est fondée la loi déférée étaient entachées d'une intention de fausser les grandes lignes de son équilibre. ***74.*** *En second lieu, ainsi qu'il a été dit au paragraphe 62, le projet de loi était accompagné de l'ensemble des documents exigés par les articles L.O. 111-4-2 et L.O. 111-4-3 du code de la sécurité sociale et en particulier d'un rapport annexé décrivant, pour les quatre années à venir, les prévisions de recettes et les objectifs de dépenses du régime par branche des régimes obligatoires de base, les prévisions de recettes et de dépenses des organismes concourant au financement de ces régimes. Il ne saurait par ailleurs être déduit une intention de fausser les grandes lignes de l'équilibre financier de la sécurité sociale de l'absence de production par le Gouvernement d'un document, non exigé par les dispositions organiques précitées, relatif aux effets à « moyen terme » de la réforme.* ***75.*** *Dès lors, le grief tiré du défaut de sincérité de la loi déférée doit être écarté. »*

A ce stade le Conseil constitutionnel est parvenu à une triple conclusion :

- Si certaines des dispositions figurant dans la loi adoptée n'ont pas leur place en LFSS ou LFSSR, le recours à ce véhicule législatif par le Gouvernement n'est pas, dans son principe, contraire à la Constitution ;
- La loi a été adoptée selon une procédure parlementaire conforme à la Constitution ;
- La loi n'est pas insincère[1].

Dès lors, la suite de la décision se borne à examiner les articles critiqués par les parlementaires (articles 2, 3, 10, 11, 17 et 35 de la loi, *points 76 à 116 de la décision*) et à relever

[1] Sur le principe de sincérité dans les lois de financement de la sécurité sociale, voir « *Le principe de sincérité des lois de finances et des lois de financement de la sécurité sociale* », rapports du service des études juridiques, note de synthèse du service des études juridiques n° 1 - 6 octobre 2006, senat.fr.

d'office que les articles 6 et 27 (*points 117 à 119 de la décision*) n'avaient pas leur place en LFSS ou en LFSSR.

Pour la clarté du débat, le Conseil précise enfin que son examen ne va pas au-delà des questions expressément traitées dans la décision (*point 120 de la décision*). Cette suite de la décision (*points 76 à 119*) est analysée au chapitre 5, dans le cadre de la présentation détaillée de chacun des articles de la loi concernés par cette décision.

Reste alors à préciser quelle est la portée de cette décision. Elle varie selon l'article en cause.

S'agissant, en premier lieu, des articles déclarés non conformes à la Constitution, ils ne peuvent figurer dans la loi promulguée par le Président de la République et publiée au Journal officiel. En conséquence les articles 2, 3, 6 et 27[1] de la loi adoptée par le Parlement ont été retirés de la loi promulguée. Il en va de même du 6° du paragraphe III et du paragraphe XXVIII de l'article 10[2] et du 7° du A du paragraphe III de l'article 17[3]. Le motif de censure retenu

---

[1] L'article 2 de la loi déférée visait à instituer, dans les entreprises d'au moins trois cents salariés, la publication d'indicateurs relatifs à l'emploi des « seniors ». L'article 3 créait, à titre expérimental, un contrat de fin de carrière pour le recrutement des demandeurs d'emploi de longue durée âgés d'au moins soixante ans. L'article 6 apportait diverses modifications à l'organisation du recouvrement des cotisations sociales. L'article 27 instaurait un dispositif d'information à destination des assurés sur le système de retraite par répartition.

[2] Les dispositions du 6 ° du paragraphe III de l'article 10 inséraient au sein du code des pensions civiles et militaires de retraite un article L.24 bis prévoyant que les services accomplis par un fonctionnaire dans un emploi classé en catégorie active ou super-active pendant les dix années précédant sa titularisation sont comptabilisés comme des services actifs ou super-actifs pour l'acquisition du droit au départ anticipé. Ces dispositions ne sont applicables qu'aux services accomplis en qualité d'agents contractuels à compter de l'entrée en vigueur de la loi déférée.

[3] Le 7 ° du A du paragraphe III de l'article 17 insérait dans le code du travail un article L.4624-2-1-1 permettant aux salariés exerçant ou ayant exercé des métiers ou des activités particulièrement exposés à

dans chacun de ces six articles ne préjuge pas de la conformité à la Constitution de la disposition en cause sur le fond, de sorte que les dispositions peuvent être reprises pour figurer dans une loi ordinaire et, le cas échéant, être critiquées à nouveau devant le Conseil constitutionnel, cette fois sur le fond, avant leur promulgation.
S'agissant, en second lieu, des extraits des articles 10 et 11[1] (*voir infra 5.10 et 5.11*) expressément déclarés conformes à la Constitution tels qu'énoncés par le Conseil à l'article 2 du dispositif de sa décision du 14 avril 2023, ils ne peuvent plus être critiqués d'aucune façon. L'autorité qui s'attache à la décision du Conseil s'y oppose. Ceci vise en particulier le report de l'âge légal au départ en retraite et l'augmentation du nombre de trimestres cotisés requis.
S'agissant, en troisième lieu, des articles de la loi promulguée autres que les extraits des articles 10 et 11 tels que résumés ci-dessus, leur conformité à la Constitution peut, le cas échéant, être discutée selon la procédure de la question prioritaire de constitutionnalité (QPC)[2] à

---

certains facteurs de risques professionnels de bénéficier d'un suivi individuel spécifique.

[1] L'article 11 modifie notamment l'article L.351-1-1 du code de la sécurité sociale relatif à la détermination de l'âge anticipé auquel certains assurés qui ont commencé à travailler à un jeune âge ont droit à la liquidation d'une pension de retraite. (Dispositif carrières longues).

[2] Pour rappel : La question prioritaire de constitutionnalité peut être soulevée au cours de toute instance, devant toute juridiction relevant du Conseil d'État ou de la Cour de cassation, y compris pour la première fois en appel ou en cassation. Elle ne peut pas être soulevée d'office par le juge mais seulement par une partie au litige. La juridiction saisie du litige doit traiter cette QPC « sans délai ». Elle l'examine et transmet la question si trois critères sont réunis : « 1 ° La disposition contestée est applicable au litige ou à la procédure, ou constitue le fondement des poursuites ; 2 ° Elle n'a pas déjà été déclarée conforme à la Constitution dans les motifs et le dispositif d'une décision du Conseil constitutionnel, sauf changement des circonstances ; 3 ° La question n'est pas dépourvue de caractère sérieux. » (*Source : conseil-constitutionnel.fr*)

l'occasion d'un contentieux dans lequel la loi critiquée serait applicable, pour autant que cette inconstitutionnalité porte atteinte aux droits garantis. Par sa décision 2023-849 DC du 14 avril 2023, le Conseil constitutionnel a donc pour l'essentiel rejeté les trois recours en déclaration de non-conformité dont il était saisi.

Dans cette décision deux points interpellent plus particulièrement. Ils concernent la mise en œuvre, pour le vote de la loi à l'Assemblée nationale, le recours à l'article 49, alinéa 3 de la Constitution dont il a été fait application en l'espèce et qui permet l'adoption de la loi sans vote à la suite de l'engagement, par le Gouvernement, de sa responsabilité (*voir supra les points 20 à 27 de la décision*).
En premier lieu, l'engagement de la responsabilité du Gouvernement suppose, selon l'article 49 une consultation préalable du conseil des ministres. Or, il semble établi, de l'aveu même du porte-parole du Gouvernement, que cette consultation n'a pas eu lieu (voir le compte-rendu du Conseil des ministres du 15 mars 2023[1]).
En second lieu, la solution retenue pour le recours à l'article 49 est directement contraire à une jurisprudence antérieure du Conseil constitutionnel, rendue certes en matière de loi de finances, mais transposable aux LFSS, selon laquelle le la discussion de la seconde partie de la loi de finances relative aux dépenses ne peut débuter qu'après l'adoption de la première partie relative aux recettes (voir la décision 79-110 DC du 24 décembre 1979[2], loi de finances pour 1980). Appliquée en l'espèce cette jurisprudence impliquait donc de recourir à deux votes successifs et distincts portant le premier sur les recettes et le second sur les dépenses. A défaut, c'est, comme le Conseil constitutionnel l'avait jugé

---

[1] https://www.info.gouv.fr/conseil-des-ministres/compte-rendu-du-conseil-des-ministres-du-15-03-2023
[2] https://www.conseil-constitutionnel.fr/decision/1979/79110DC.htm

en 1979, l'ensemble de la loi qui est non-conforme à la Constitution. Comme pour la consultation du Conseil des ministres, cette question n'est pas réellement traitée par la décision, alors même que l'une au moins des saisines l'avait abordée de façon développée[1].

Dans un souci d'exhaustivité, rappelons enfin que, indépendamment de la décision DC, le Conseil constitutionnel a été saisi de deux propositions de loi référendaire (saisines du 20 mars et 13 avril 2023) tendant à poser un principe législatif selon lequel l'âge légal de départ à la retraite ne peut être supérieur à 62 ans. Dans ses deux décisions 2023 RIP 4 du 14 avril 2023[2] et 2023 RIP 5 du 03 mai 2023[3], le Conseil constitutionnel a rejeté ces projets et fermé à double tour la porte du Référendum d'initiative partagée[4].

3.5/ Les annexes financières à la loi

Les articles LO 111-4-2 et LO 111-4-3 du CSS prévoient que, pour la clarté et la sincérité du débat budgétaire, le PLFSS rectificatif doit être accompagné d'un certain nombre de documents propres à éclairer le Parlement.

Le Conseil constitutionnel a écarté (*voir supra*) l'argument des députés et sénateurs saisissants selon lesquels l'information délivrée à cet égard n'aurait été que parcellaire. On relèvera à cet égard que le tableau remis au Parlement sous l'intitulé « Article liminaire » et faisant état d'un certain nombre d'indicateurs macro-économiques et

---

[1] Saisine par 60 députés-1(II-C) ; https://www.conseil-constitutionnel.fr/decision/2023/2023849DC.htm

[2] https://www.conseil-constitutionnel.fr/decision/2023/20234RIP.htm

[3] https://www.conseil-constitutionnel.fr/decision/2023/20235RIP.htm

[4] Cette procédure est régie par les troisième à sixième alinéas de l'article 11 de la Constitution et précisée par la loi organique n° 2013-1114 du 6 décembre 2013 portant application de l'article 11 de la Constitution.

budgétaires pour la période 2023-2027[1] tels qu'exigés par ailleurs par le traité européen fait partie des dispositions relevant du domaine obligatoire de la LFSS rectificative au sens de l'article LO.111-4-2 du code de la sécurité sociale (*voir supra 3.1.3 le point 11 de la décision*). Cet article liminaire est en effet expressément prévu par l'article 1 H de la loi organique n° 2001-692 du 1er août 2001 relative aux lois de finances[2]. Bien que prévues par la LO, ces annexes financières au projet de loi ne sont malheureusement pas disponibles sur le site internet de l'Assemblée nationale.

3.6/ La « construction » de la loi

Le texte du projet transmis le 23 janvier 2023 à la présidence de l'Assemblée nationale par la Première ministre comporte 20 articles. En première lecture, l'Assemblée y a ajouté 3 articles numérotés 1bis, 2bis et 2ter. Le texte transmis au Sénat par l'Assemblée nationale en vue de son examen en première lecture par celui-ci comportait donc 23 articles.

L'article 1bis prévoyait le dépôt par le Gouvernement d'un rapport comportant un calendrier de mise en œuvre d'un système généralisé de retraite par points. Cet article a été

---

[1] Prévisions de solde structurel et de solde effectif de l'ensemble des administrations publiques, prévisions de solde par sous-secteur, prévision, déclinée par sous-secteur d'administration publique, des dépenses d'administrations publiques, prévisions de prélèvements obligatoires, de dépenses et d'endettement de l'ensemble des administrations publiques.

[2] Article 1H, premier alinéa : « *La loi de finances de l'année, les lois de finances rectificatives, les lois de financement rectificatives de la sécurité sociale et les lois de finances de fin de gestion comprennent un article liminaire présentant un tableau de synthèse retraçant, pour l'année sur laquelle elles portent et en rappelant les prévisions de la loi de programmation des finances publiques en vigueur pour l'année en question.* »

supprimé par le Sénat lors de son examen en première lecture.
L'article 2bis créait une taxe sur les indemnités de rupture conventionnelle, cependant que l'article 2ter prévoyait le dépôt d'un rapport sur l'application de l'article L. 242-5 du code la sécurité sociale[1] dans le cadre de l'emploi des seniors.
Après avoir supprimé l'article 1bis, le Sénat a ajouté un grand nombre d'articles nouveaux au projet de loi que lui avait transmis l'Assemblée nationale, de sorte que le texte adopté par le Sénat le 11 mars 2023 comportait 41 articles. Ce texte étant différent de celui qu'avait adopté l'Assemblée nationale, il convenait de réunir une commission mixte paritaire (CMP), en vue de rechercher un éventuel accord sur un texte commun. Composée de 7 députés et de 7 sénateurs, la CMP[2] est convoquée en cas de désaccord entre les deux chambres en vue de trouver, si possible, un accord sur un texte commun. En l'espèce, un accord a été trouvé en CMP le 15 mars 2023[3]. La CMP a retiré du texte adopté par le Sénat les articles 3 bis[4], 8

[1] Article L.242-5 du CSS : Détermination du taux de la cotisation due par les employeurs au titre des accidents du travail et des maladies professionnelles, classement des risques. (Modifié par l'article 5 de la loi : *voir infra 5.5*)
[2] La CMP est régie par l'article 45 de la Constitution et par les règlements de l'Assemblée nationale et du Sénat.
[3] https://www.senat.fr/dossier-legislatif/pjl22-368.html
[4] Relatif au « Plan d'épargne retraite couple solidaire » (Code monétaire et financier).

quater[1], 8 quinquies[2], 8 septies[3] et 8 octies[4], de sorte que le texte adopté en CMP comporte 36 articles. Ce texte a été adopté définitivement par le Sénat le 16 mars 2023. A l'Assemblée nationale, la Première ministre a engagé la responsabilité de son Gouvernement sur le texte de la CMP, de sorte que ce texte a été considéré comme adopté après rejet des deux motions de censure[5] déposées, le 20 mars 2023.

Reste alors à renuméroter le texte : l'article 2bis devient l'article 3, l'article 2 ter devient l'article 4, etc.., conformément à la table de concordance des numérotations en cours de navette parlementaire et dans la loi promulguée, accessible sur le site internet du Sénat, dossier législatif[6].

Au total, on voit donc que l'essentiel de l'apport du Parlement sur le projet de loi vient du Sénat, la contribution des députés ayant été fort modeste. Perte du droit à majoration en cas de déchéance de l'autorité parentale, droits de la mère, situation en cas de décès de l'enfant, régime spécifique de Mayotte, extension du périmètre de la majoration pour enfant à charge, situation des stagiaires, régime des sapeurs-pompiers volontaires, situation administrative des expatriés, l'apport du Sénat est réel.

---

[1] Relatif aux conditions d'ouverture des droits au congé paternité (articles L.1225-35 du Code du travail et L. 331-8 du CSS).

[2] Prévoyait, en cas de désaccord entre les parents, l'attribution par défaut à la mère de la majoration de durée d'assurance de quatre trimestres due au titre de l'éducation de l'enfant mineur. (Article L.351-4 du CSS) ;

[3] Prévoyait une majoration de la durée d'assurance des pères salariés conjoints ou concubins de la mère salariée (Article L. 351-4 du CSS)

[4] Prévoyait une majoration de la durée d'assurance attribuée à la mère (Article L. 351-4 du CSS)

[5] https://www.assemblee-nationale.fr/ : Réforme des retraites (PLFRSS pour 2023) : rejet de deux motions de censure et adoption du texte (lecture CMP).

[6] https://www.senat.fr/dossier-legislatif/pjl22-368.html

3.7/ Les « contributions extérieures » devant le Conseil constitutionnel

Depuis 1958, la pratique s'est instaurée pour les acteurs de la société civile de transmettre au Conseil constitutionnel des contributions qui viennent en appui des saisines qui lui sont soumises. Ces contributions sont aujourd'hui prévues à l'article 13 du règlement de procédure du Conseil constitutionnel. Elles n'ont pas de réelle portée juridique, mais elles permettent au Conseil de percevoir en écho le débat que la loi dont il est saisi suscite, ou ne suscite pas, dans l'opinion publique. Depuis quelques années, ces contributions dites « contributions extérieures » sont rendues publiques et mises en ligne sur le site Internet du Conseil en même temps que la décision à laquelle elles se rapportent[1]. En l'espèce, ces contributions – au nombre de 26 - ont été particulièrement nombreuses.

Regroupement de ces contributeurs par grandes catégories d'acteurs de la société :

- Syndicats professionnels et associations : 12 contributions ;
- Parlementaires : 5 contributions ;
- Avocats et juristes d'entreprise : 5 contributions ;
- Professeurs d'université : 3 contributions ;
- Organisations professionnelles : 1 contribution.

Le volume de ces contributions comme la part qu'y occupent les organisations syndicales de travailleurs est le reflet des vifs débats que le projet de loi a suscités dans le pays.

[1] En février 2017, le Conseil constitutionnel a pris la décision de rendre publique sur son site internet la liste des « contributions extérieures », autrefois appelées « portes étroites », qui lui sont parfois adressées par des personnes physiques ou morales concernées par la loi soumise à son contrôle. (*Source : conseil-constitutionnel.fr*).

CHAPITRE 4
Guide de lecture de la loi

4.1/ Comment lire la loi ?

Notre système juridique est pyramidal. On l'appellc « *la pyramide des normes* ». Au sommet, la Constitution qui doit être respectée par tous, y compris la loi (*voir ci-dessous*). On dit que la Constitution a une valeur supra-législative, à la différence des textes réglementaires d'application qui sont dits de rang infra-législatif.

Les normes réglementaires viennent compléter ou préciser la loi qu'elles doivent respecter. Il en est de plusieurs sortes. Les principales sont les décrets qui sont eux-mêmes de deux sortes.

Certains décrets ne peuvent intervenir qu'après que le Gouvernement a recueilli l'avis du Conseil d'Etat et, plus précisément, dans notre domaine, l'avis de la section sociale du Conseil d'Etat. Ces décrets, signés, en principe, par le Premier ministre et contresignés par le ou les ministres en charge de leur exécution sont dits « décrets en Conseil d'Etat ». Ils sont précédés, lors de leur publication au Journal officiel, de la mention « le Conseil d'Etat (section sociale) entendu ». Dans un texte codifié, les décrets en Conseil d'Etat sont précédés de la lettre R lors de leur numérotation. L'avis du Conseil d'Etat sur un projet de décret est remis au Gouvernement et n'est pas rendu public, sauf si celui-ci en décide autrement.

Ces décrets en Conseil d'Etat s'opposent aux décrets dits simples. Signés également par le Premier ministre, les décrets simples sont donc adoptés sans consultation du Conseil d'Etat. Lors de leur publication au Journal officiel, la mention « le Conseil d'Etat entendu » ne figure donc pas. Dans un texte codifié, ces articles sont numérotés D.

La distinction entre ces deux types de décret se retrouve dans les nombreux décrets d'application de la loi du 14 avril 2023. Certains sont des décrets en Conseil d'Etat, d'autres sont des décrets simples.
Cette distinction n'a toutefois pas été reprise dans la présentation ci-dessous, car elle est sans pertinence pour l'objectif assigné à cet ouvrage.
Enfin, pour la bonne compréhension des lecteurs, signalons que sur le site internet officiel des publications de l'Etat dénommé Légifrance, deux types de présentation de la loi sont disponibles :

- La loi telle que publiée au Journal officiel le 15 avril 2023 est disponible en cliquant sur « Version initiale[1] » ;
- La version codifiée est accessible sous la rubrique « Accéder à la version consolidée ».

Outre l'article liminaire, la loi votée compte 36 articles, dont 4, les articles 2, 3, 6 et 27 (*voir infra 5.2, 5.3, 5.6 et 5.27*), ont été déclarés contraires à la Constitution par le Conseil constitutionnel. Il n'est pas tenu compte ici des articles 10 et 17 qui n'ont été que partiellement déclarés non conformes, (*voir 5.10 et 5.17*) et figurent donc dans la loi promulguée, après ablation de celles de leurs dispositions déclarées non conformes, de sorte que la loi promulguée compte 32 articles, auxquels s'ajoute l'article liminaire relatif aux données macro-économiques prévisionnelles (*voir supra 3.2 l'avis du HCFP*).

Conformément aux dispositions de la loi organique relative aux lois rectificatives de financement de la sécurité sociale (*voir supra 3. 1*), la loi comprend deux parties principales, relatives respectivement :
- aux recettes de l'année (articles 1 à 9) ;

[1] https://www.legifrance.gouv.fr/loda/id/JORFTEXT000047445077/

- aux dépenses de l'année 2023 (articles 10 à 36).

Cette deuxième partie comprend elle-même 5 titres numérotés de I à V :

- I -Reculer l'âge de départ (articles 10 à 17) ;
- II - Renforcer la solidarité du système (articles 18 à 25) ;
- III - Faciliter la transition entre emploi et retraite (articles 26 et 27) ;
- IV - Lutter contre la fraude aux prestations sociales à l'étranger et simplifier les démarches administratives pour les pensionnés établis hors de France (article 28) ;
- V - Dotations et objectifs de dépenses des organismes concourant au financement des régimes obligatoires (articles 29 à 36).

4.2/ La méthodologie retenue

L'objectif recherché est de réunir en un seul document l'ensemble du discours pertinent comprenant pour un article donné de la loi, outre l'analyse de cet article, une analyse des décrets d'application correspondant à cet article (y compris leur date d'entrée en vigueur), les données pertinentes ressortant de l'étude d'impact notamment les données financières et, si besoin est, les extraits pertinents de la décision du Conseil constitutionnel relatifs à cet article législatif. Ainsi, contrairement à la présentation habituellement retenue par les éditeurs ou les sites de présentation en ligne, le lecteur dispose-t-il, pour chacun des articles de la loi, de la totalité des informations juridiques et, le cas échéant, financières, pertinentes.

On trouvera au chapitre suivant une présentation analytique de chacun des 36 articles de la loi votée, suivie, s'il y a lieu, d'une analyse des décrets d'application tels que ceux-ci sont présentés par le Gouvernement et, pour les mesures qui figuraient dans le projet de loi gouvernemental initial, d'un chiffrage de la mesure tel que celui-ci ressort de l'étude d'impact (voir *supra 3.3*). Enfin, s'il y a lieu, la présentation de l'article est actualisée pour tenir compte des mises à jour opérées par la LFSS pour 2024 (Loi n° 2023-1250 du 26 décembre 2023 de financement de la sécurité sociale pour 2024 — JORF du 27 décembre 2023[1]).

[1] https://www.legifrance.gouv.fr/loda/id/JORFTEXT000048668665/

CHAPITRE 5
Examen de la loi article par article

5.0/ Article liminaire

Que dit la loi (*voir supra 3.1*) ?
L'exigence d'un article liminaire aux lois de finances, lois de finances rectificatives, lois de finances de fin de gestion (anciennes lois de règlement) et LFSSR est issue de la loi organique n° 2021-1836 du 28 décembre 2021[1]. Cette loi a modifié la loi organique initiale du 1er août 2001 pour introduire dans cette dernière un article 1 H[2] qui liste les indicateurs macro-économiques devant figurer dans une telle loi.
Cet article liminaire s'est appliqué pour la première fois à la loi de finances pour 2023. Il reproduit un certain nombre d'indicateurs macro-économiques rendus obligatoires par les LO applicables aux LFSSR (*voir supra 3.5 la décision du Conseil constitutionnel du 14 avril 2023, point 11*). Au cas d'espèce, le Conseil constitutionnel a expressément validé le contenu de cet article liminaire.
Ainsi que le HCFP l'a relevé (*voir supra 3.2*), ces données sont, sans modification, celles qui figurent dans la loi de programmation des dépenses publiques pour les années 2023 à 2027 promulguée le 18 décembre 2023[3].
Nous sommes donc en présence d'une loi rectificative du budget de la sécurité sociale qui n'est pas suffisamment

---

[1] Loi organique n° 2021-1836 du 28 décembre 2021 relative à la modernisation de la gestion des finances publiques. JORF n°0302 du 29 décembre 2021.
[2] Loi organique n° 2001-692 du 1er août 2001 relative aux lois de finances. JORF n°177 du 2 août 2001.
[3] Loi n° 2023-1195 du 18 décembre 2023 de programmation des finances publiques pour les années 2023 à 2027. JORF n°0293 du 19 décembre 2023.

significative pour avoir une incidence sur la trajectoire budgétaire prévisionnelle pour 2023, alors pourtant que, en France, les retraites représentent, selon le Conseil d'orientation des retraites (COR) près de 14 % du produit intérieur brut (PIB). Comprenne qui pourra.
En tous cas, une pierre de plus dans le jardin de ceux qui s'efforcent d'expliquer que la loi rectificative de financement de la sécurité sociale pour 2023 est le véhicule législatif approprié pour procéder à une réforme du régime des retraites.
Par ailleurs, le cours des choses a entièrement confirmé – même au-delà ! – le pessimisme du HCFP quant aux prévisions gouvernementales : le déficit public égal à 4,1 % du PIB dans l'article liminaire de la LFSSR, révisé à 4,9 %, s'établit en définitive pour 2023, selon les dernières statistiques de l'INSEE (mars 2024), à 5,5 % du PIB[1].

5.1/ - Article 1er : fermeture de cinq régimes spéciaux
Article 1er du projet de loi et du texte adopté en CMP

Que dit la loi ?
Une mesure d'importance de la loi est portée par l'article 1er qui, après la fermeture du régime spécial des mineurs en 2010 (*voir supra 2.2*) et du régime spécial des cheminots[2] qui a pris effet au 1er janvier 2020, pose le principe de la fermeture de cinq régimes spéciaux de retraite.
Ceci signifie que, comme il a été fait avec les cheminots, à compter du 1er septembre 2023, les salariés embauchés dans

---

[1] *Source :* https://www.insee.fr
[2] Consulter senat.fr : Le régime spécial de retraite de la SNCF : un premier bilan de la réforme de 2008, rapport d'information n° 732 (2009-2010), déposé le 29 septembre 2010 et décret n° 2023-967 du 20 octobre 2023 relatif au régime spécial de retraite du personnel de la société nationale SNCF et de ses filiales relevant du I de l'article L.2101-2 du Code des transports.

les secteurs concernés par le régime spécial qui était applicable à ce secteur à la date de promulgation de la loi (14 avril 2023) seront affiliés au régime général, comme tous les salariés du secteur privé. Les salariés des entreprises concernées recrutés avant le 1er septembre 2023 restent affiliés au régime spécial.
Ainsi, se trouve respectée la clause dite du « grand-père » selon laquelle le bénéfice du régime spécial est maintenu au profit de ceux qui relèvent de ce régime à la date de promulgation de la loi.
Cela concerne :

- I-les agents de la régie autonome des transports parisiens (RATP)[1] ;
- II-les agents de la Banque de France[2] ;
- III et IV-les clercs et employés de notaire[3];
- V-les salariés des industries électriques et gazières (IEG)[4] ;
- VI-les membres du Conseil économique, social et environnemental (CESE)[5].

Outre le cas particulier des membres du CESE désormais affiliés au régime général et à l'Institution de retraite complémentaire des agents non titulaires de l'Etat et des collectivités territoriales (IRCANTEC)[6] pour la retraite complémentaire pour les membres désignés à compter du

---

[1] Article L.2142-4-2 (*nouveau*) du Code des transports.
[2] Article L.142-9 du Code monétaire et financier.
[3] Articles 1er et 3 de la loi du 12 juillet 1937 instituant une caisse de retraite et d'assistance des clercs de notaire.
[4] Article 16 de la loi n° 2004-803 du 09 août 2004 relative au service public de l'électricité, du gaz et aux entreprises électriques et gazières.
[5] Article L.381-32 (*nouveau*) du Code de la sécurité sociale.
[6] L'Ircantec est un régime réglementaire créé par le décret n° 70-1277 du 23 décembre 1970 modifié, et mis en œuvre au 1er janvier 1971, afin de proposer aux agents non titulaires de l'Etat et des collectivités publiques un régime complémentaire au régime général et au régime agricole.

1er septembre 2023, quatre régimes spéciaux sont donc fermés depuis le 1er septembre 2023, dans les conditions qui viennent d'être expliquées.
Sont maintenus les régimes autonomes : professions libérales[1], avocats[2], ceux qui sont adossés à des métiers spécifiques : marins[3], salariés de l'Opéra de Paris[4], régimes

---

[1] La retraite de base des professions libérales est gérée par la Caisse Nationale d'Assurance Vieillesse des Professions Libérales (CNAVPL) créée par la loi n° 48-101 du 17 janvier 1948. Sa particularité est d'être un régime par points (le seul en France).

[2] Le régime de retraite actuel des avocats est géré par la Caisse nationale des barreaux français (CNBF). C'est un régime autonome, et non un régime spécial. La CNBF est créée en 1948 en tant que section professionnelle de la CNAVPL, puis transformée en organisme autonome en 1954.

[3] Le régime est géré par l'Établissement national des invalides de la marine (ENIM). La création de l'ENIM, dans sa forme actuelle, date de 1930. L'ENIM gère le régime spécial des marins à la pêche, la conchyliculture, la plaisance professionnelle et au commerce, ainsi que les contributions et les cotisations des employeurs et des salariés.

[4] Ce régime spécial est géré par la Caisse de retraites des personnels de l'Opéra national de Paris (CROPERA). Le régime fonctionne selon les principes de la répartition et de la solidarité : intergénérationnelle entre actifs et retraités de l'Opéra et par l'intermédiaire d'une subvention annuelle versée par l'Etat. Créé en 1698 le régime a été modifié à diverses reprises, notamment par décrets, dont celui du 28 février 1923 qui reconnaît la Caisse de retraites du personnel du Théâtre national de l'Opéra comme « établissement d'utilité publique ».
(*Source : https://www.cropera.fr*)

de la Comédie française[1], ainsi que les régimes des députés[2] et des sénateurs[3].

Cette mesure est justifiée par le Président de la République et le Gouvernement au nom de l'équité, de l'universalité et de la transparence, d'autant, ajoutent-ils, qu'elle concerne des dispositifs de couverture du risque vieillesse qui, sauf exception (CESE), sont antérieurs à l'ordonnance du 4 octobre 1945 de généralisation de la sécurité sociale (*voir supra 1.3*). Elle ne concerne que le risque vieillesse, de sorte que pour les autres branches de la sécurité sociale pour lesquelles l'affiliation est obligatoire, la situation des agents concernés n'est pas modifiée (*voir supra 1.3*).

---

[1] Le régime autonome des salariés de la Comédie Française (création par ordonnance du 21 octobre 1680) est hérité des premières protections sociales mises en place par Colbert (*voir supra 1.1*). En effet jusqu'à la fin du XX° siècle les changements de décors se faisaient par action de cordages, requérant un savoir-faire particulier. C'est pourquoi les machinistes du Théâtre Français ont longtemps été d'anciens marins. La Comédie Française bénéficie de deux régimes spéciaux : l'un destiné au personnel dit « pensionnaires » — principalement le personnel administratif, celui chargé de la sécurité et les techniciens, l'autre aux « sociétaires » — principalement les comédiens de la troupe ayant plus d'un an d'ancienneté — pour un total de 300 salariés en 2020.

[2] Les députés sont affiliés d'office au régime de retraite des députés de l'Assemblée nationale, créé par la résolution du 23 décembre 1904. Le régime des députés a été aligné sur celui des fonctionnaires au 1er janvier 2018.

[3] Les Sénateurs sont, depuis 1948, obligatoirement affiliés à une Caisse autonome de sécurité sociale créée en 1905. La Caisse garantit également la protection de ceux de leurs ayants droit qui ne relèvent pas d'un autre régime de protection sociale. Le régime de retraite des Sénateurs est régi par des règles analogues à celles qui sont appliquées en matière de retraite aux fonctionnaires de l'État. (*Source : senat.fr*)

Que disent les cinq décrets d'application (*voir supra 4.1*) ?
Une série de décrets du 28 juillet 2023, publiés au JORF le 30 juillet et entrés en vigueur pour l'essentiel le 1er septembre 2023, a précisé, pour chacun des 4 régimes autres que celui des membres du CESE, les modalités d'application des nouvelles règles du jeu : décret 2023-689 et 2023-691 pour les clercs et employés de notaires[1], 2023-690 pour le personnel de la RATP[2], 2023-692 pour les industries électriques et gazières[3], 2023-693 pour le personnel de la Banque de France[4].
Le règlement de 2015 de la caisse des membres du CESE[5] a été modifié par arrêté en novembre 2023[6].
Sont reportées au 1er janvier 2025 les conditions d'augmentation de l'âge légal de départ en retraite et l'accélération de la durée de cotisation requise pour bénéficier d'une retraite à taux plein, y compris les dispositifs de départ anticipé pour handicap et pour carrière longue.

---

[1] Décret n° 2023-689 du 28 juillet 2023 relatif au régime spécial de retraite des clercs et employés de notaires et Décret n° 2023-691 du 28 juillet 2023 relatif aux taux des cotisations du régime des clercs et employés de notaires.

[2] Décret n° 2023-690 du 28 juillet 2023 relatif au régime spécial de retraite du personnel de la Régie autonome des transports parisiens.

[3] Décret n° 2023-692 du 28 juillet 2023 relatif au régime spécial de retraite des industries électriques et gazières.

[4] Décret n° 2023-693 du 28 juillet 2023 relatif au régime spécial de retraite de la Banque de France.

[5] Loi n° 57-761 du 10 juillet 1957 habilitant le Conseil économique à instituer, pour ses membres, une Caisse de retraites.

[6] Arrêté 23/DECQ/18 du 8 novembre 2023 relatif au règlement de la Caisse de retraites des membres du Conseil économique social et environnemental.

Que dit l'étude d'impact ?
L'étude d'impact jointe au projet de loi soumis au Parlement (*voir supra 3.3.*) justifie de façon circonstanciée la mesure[1].
Les affiliés aux régimes spéciaux de retraite y sont présentés comme bénéficiaires d'avantages qui ne sont plus justifiés. Les durées moyennes de versement des pensions sont un bon indicateur de ces inégalités. Ainsi, alors qu'en 2020 la durée moyenne de versement de la pension de retraite est, pour les hommes, de 19,6 ans, elle est de 26,9 ans pour les anciens agents de la RATP. Selon la direction de la sécurité sociale (DSS), le même écart est constaté chez les femmes : 29,6 années de versement pour l'ensemble de la population féminine contre 35 ans pour les anciennes agentes de la Banque de France. Par ailleurs, les effectifs concernés par la mesure sont limités. En 2020, les embauches statutaires (qui donc auraient dû intervenir selon le droit commun si elles intervenaient en 2024) sont de 1774 personnes à la RATP et de 541 à EDF.
En dépit des observations soumises au Conseil constitutionnel par les intéressés au titre des « contributions extérieures » (*voir supra, 3.7*) et les contributions 2, 6 et 21 déposées respectivement par le Conseil supérieur du notariat, le syndicat CFE Énergies et certains syndicats professionnels des agents de la Banque de France, cette mesure est une mesure d'équité. Retenons néanmoins que l'exemple du régime minier (*voir chapitre 2*) nous enseigne que la fermeture d'un régime spécial implique nécessairement une compensation qui passe par une mobilisation de la solidarité nationale, ce qui vaut

[1] Fiches d'évaluation préalables des articles de projet de loi de financement rectificative de la sécurité sociale pour 2023 — Article 1- Fermeture des principaux régimes spéciaux de retraite – I. Présentation de la mesure – 1. Présentation du problème à résoudre et nécessité de l'intervention du législateur, p.7.

notamment pour les agents de la RATP et les agents des industries électriques et gazières. C'est du reste la raison pour laquelle un mécanisme complexe de compensation inter-régimes — qui concerne tant les régimes de base que les régimes complémentaires — a été institué à partir de 2025 par l'article 15 de la LFSS pour 2024[1].

5.2/ - Article 2 : publication d'indicateurs relatifs à l'emploi des seniors

Article 2 du projet de loi et du texte adopté en CMP

Que dit la loi ?

Sans objet *(voir ci-après la décision du Conseil constitutionnel).*

Que dit le Conseil constitutionnel ?

L'article 2 de la loi votée prévoyait la mise en place dans les entreprises de plus de 300 salariés d'index relatifs à l'emploi des seniors dans l'entreprise concernée. Ces index avaient pour objectif de favoriser les bonnes pratiques en matière d'emploi des seniors.

Dans sa décision du 14 avril 2023, le Conseil constitutionnel a jugé que cette mesure n'avait pas sa place dans une loi de financement rectificative de la sécurité sociale pour 2023 et l'a donc déclarée non conforme à la Constitution. Elle ne figure donc pas dans la loi promulguée le même jour par le Président de la République.

[1] Loi n° 2023-1250 du 26 décembre 2023 de financement de la sécurité sociale pour 2024, titre Ier : dispositions relatives aux recettes, au recouvrement et à la trésorerie (Articles 5 à 31), chapitre II : simplifier le recouvrement social et le financement (JORF n°0299 du 27 décembre 2023).

Décision du Conseil constitutionnel (points 76 à 80)
Indices relatifs à l'emploi des seniors : non-conformité

*« **76.** L'article 2 de la loi déférée vise à instituer, dans les entreprises d'au moins trois cents salariés, la publication d'indicateurs relatifs à l'emploi des « seniors ». **77.** Les députés auteurs des deuxième et troisième saisines et les sénateurs requérants estiment que ces dispositions n'ont pas leur place dans une loi de financement rectificative de la sécurité sociale. **78.** Le premier alinéa de l'article 47-1 de la Constitution dispose : « Le Parlement vote les projets de loi de financement de la sécurité sociale dans les conditions prévues par une loi organique ». Les articles L.O. 111-3-9 à L.O. 111-3-12 du code de la sécurité sociale déterminent le contenu de la loi de financement rectificative de la sécurité sociale. **79.** L'article 2 se borne à prévoir, d'une part, que l'employeur poursuit un objectif d'amélioration de l'embauche et du maintien en activité des seniors et, d'autre part, que, dans les entreprises d'au moins trois cents salariés, l'employeur publie chaque année des indicateurs relatifs à l'emploi des seniors, selon des conditions prévues par décret, sous peine de se voir appliquer une pénalité prononcée dans des conditions prévues par décret en Conseil d'État. Il précise également les conditions dans lesquelles des négociations portant sur les mesures d'amélioration de l'emploi des seniors doivent être engagées par l'employeur lorsqu'il constate une dégradation de ces indicateurs. Ces dispositions entrent en vigueur le 1er juillet 2024. Par dérogation, elles s'appliquent à compter du 1er novembre 2023 aux entreprises d'au moins mille salariés. **80.** Ces dispositions n'ont, en 2023, pas d'effet ou un effet trop indirect sur les recettes des régimes obligatoires de base ou des organismes concourant à leur financement. Elles ne relèvent pas non plus des autres catégories mentionnées à l'article L.O. 111-3-12 du code de la sécurité sociale. Dès lors, elles ne trouvent pas leur place dans une loi de financement rectificative de la sécurité sociale. Elles sont donc contraires à la Constitution. »*

5.3/ - Article 3 : création à titre expérimental d'un contrat de fin de carrière pour le recrutement de demandeurs d'emplois âgés de plus de 60 ans
Article 2 bis A du texte adopté en CMP

Que dit la loi ?
Sans objet *(voir infra la décision du Conseil constitutionnel).*

Que dit le Conseil constitutionnel ?
L'article 3 de la loi votée posait le principe de la création à titre expérimental d'un contrat de fin de carrière pour le recrutement de demandeurs d'emplois âgés de plus de 60 ans : comme pour l'article 2, le Conseil constitutionnel a jugé que cette mesure n'avait pas sa place en loi de financement rectificative en raison de sa trop faible incidence sur les recettes de sécurité sociale. Elle ne figure donc pas dans la loi promulguée.

Décision du Conseil constitutionnel (points 81 à 84)
Contrat de fin de carrière des demandeurs d'emploi : non-conformité

*« **81.** L'article 3 crée, à titre expérimental, un contrat de fin de carrière pour le recrutement des demandeurs d'emploi de longue durée âgés d'au moins soixante ans. **82.** Les députés auteurs de la deuxième saisine et les sénateurs requérants estiment que ces dispositions n'ont pas leur place dans une loi de financement rectificative de la sécurité sociale. **83.** L'article 3 se borne à prévoir, d'une part, la possibilité pour les organisations d'employeurs et de salariés représentatives au niveau national et interprofessionnel d'engager une négociation en vue de définir des mesures visant à favoriser l'emploi des seniors demandeurs d'emploi de longue durée et, d'autre part, en l'absence d'accord national interprofessionnel conclu avant le 31 août 2023, l'application à compter du 1er septembre 2023 d'un nouveau type de contrat de travail dont le domaine et les modalités devront être définis par une convention de branche ou un accord de branche étendu. **84.** Ces dispositions n'ont, en 2023, pas d'effet ou un effet trop indirect sur les recettes des régimes obligatoires de base ou des organismes*

concourant à leur financement. Elles ne relèvent pas non plus des autres catégories mentionnées à l'article L.O. 111-3-12 du code de la sécurité sociale. Dès lors, elles ne trouvent pas leur place dans une loi de financement rectificative de la sécurité sociale. Elles sont donc contraires à la Constitution. »

5.4/ - Article 4 : création d'une cotisation sur les indemnités de rupture conventionnelle

Article 2bis du texte adopté en CMP

Que dit la loi ?

L'article 4 tente de lutter contre une pratique abusive des ruptures conventionnelles[1] en instituant une contribution égale à 30 % du montant des indemnités de rupture conventionnelle prononcées à partir du 1er septembre 2023 ou à l'occasion de la mise à la retraite d'un salarié.[2]

5.5/ - Article 5 : nouvelles modalités de calcul des cotisations pour accidents de travail et maladies professionnelles

Article 2 ter du texte adopté en CMP

Que dit la loi ?

Dans l'objectif de favoriser l'emploi des seniors les dispositions du décret fixant le taux de la cotisation due annuellement par les employeurs au titre des accidents du travail et des maladies professionnelles sont modifiées de manière à conduire à une mutualisation, entre les entreprises dont l'effectif est au moins égal à 150 salariés, des coûts liés aux maladies professionnelles dont les effets

---

[1] Définies aux articles L.1237-11 à L.1237-16 du Code du travail.

[2] Article L.137-12 (*nouveau)* du CSS

sont différés dans le temps.[1] Pour les exploitants agricoles ces dispositions sont fixées par arrêté ministériel[2].

5.6/ - Article 6 : diverses mesures en matière de recouvrement des cotisations

Article 3 du texte adopté en CMP

Que dit la loi ?

Sans objet *(voir ci-dessous la décision du Conseil constitutionnel).*

Que dit le Conseil constitutionnel ?

L'article 6 de la loi votée contenait diverses mesures en matière de recouvrement des cotisations. Comme pour les articles 2 et 3, le Conseil constitutionnel a jugé que ces dispositions n'avaient pas leur place dans la LFSS rectificative en raison de son incidence limitée sur les recettes sociales (*points 117 à 119 de la décision du 14 avril 2023*). L'article 6 ne figure donc pas dans la loi promulguée. Le dispositif qui acte du renoncement des pouvoirs publics à confier aux URSSAF le recouvrement de certaines cotisations a été repris dans le cadre de la LFSS pour 2024.

Décision du Conseil constitutionnel (points 117 et 119)

Recouvrement des cotisations sociales : non-conformité

*« **117.** L'article 6 apporte diverses modifications à l'organisation du recouvrement des cotisations sociales, dont l'objet est de tirer les conséquences de l'abrogation de dispositions issues de l'article 18 de la loi du 24 décembre 2019 mentionnée ci-dessus, dont l'entrée en vigueur devait intervenir le 1er janvier 2024. **119.** Ces dispositions n'ont pas d'effet ou ont un effet trop indirect sur les dépenses des régimes obligatoires de base ou des organismes concourant à leur financement.*

[1] Article L.242-5 du CSS.

[2] Article L.751-15 du Code rural et de la pêche maritime.

Elles ne relèvent pas non plus des autres catégories mentionnées à l'article L.O. 111-3-12 du code de la sécurité sociale. Dès lors, elles ne trouvent pas leur place dans une loi de financement rectificative de la sécurité sociale. Sans que le Conseil constitutionnel ne préjuge de la conformité du contenu de ces dispositions aux autres exigences constitutionnelles, il y a lieu de constater que, adoptées selon une procédure contraire à la Constitution, elles lui sont donc contraires. »

5.7/ - Article 7 : tableaux d'équilibre par branche de l'ensemble des régimes de base obligatoires pour l'année 2023

Article 4 du projet de loi et du texte adopté en CMP

Que dit la loi ?

L'article 7 de la loi approuve pour 2023 le tableau d'équilibre rectifié de l'ensemble des régimes obligatoires de base de sécurité sociale[1].

Il en résulte pour 2023 pour la branche vieillesse un solde négatif de 3,8 milliards d'euros sur un total de dépenses de 273,7 milliards et une prévision de recettes de 269,8 milliards d'euros.

S'agissant d'une loi rectificative de financement de la sécurité sociale, ces données doivent être rapprochées, pour mesurer la portée de la rectification opérée, des données équivalentes ressortant de la loi initiale, ici l'article 23 de la loi n° 2022-1616 du 23 décembre 2022 de financement de la sécurité sociale pour 2023[2] (*voir supra, 3.1*). Selon cet article, les prévisions de recettes de la branche vieillesse pour 2023 ressortent à 269,7 milliards d'euros et les prévisions de dépenses à 273,3 milliards, soit un solde négatif de 3,6 milliards d'euros.

---

[1] En milliards d'euros, toutes branches (hors transferts entre branches) y compris Fonds de solidarité vieillesse : Recettes : 595,0 ; Dépenses : 603,2 ; Solde : -8,2.

[2] https://www.legifrance.gouv.fr/jorf/article_jo/JORFARTI000046791786

Ainsi donc, la loi du 14 avril 2023, présentée comme destinée à pérenniser notre système de retraite, d'une part, n'a eu qu'une incidence limitée sur le budget de la branche vieillesse de la sécurité sociale pour 2023 et, d'autre part et surtout, n'a eu pour seul effet, de l'aveu même du Gouvernement, que d'accroître le solde négatif de la branche vieillesse de la sécurité sociale pour 2023, passé de 3,6 milliards d'euros avant l'adoption de la loi rectificative à 3,8 milliards avec la loi de financement rectificative pour 2023 ! Voilà qui apporte une réponse cinglante à la question polémique que nous avons déjà croisée à plusieurs reprises au cours de notre lecture, celle de savoir si le véhicule législatif adopté pour porter la réforme, à savoir une loi de financement de la sécurité sociale rectificative pour 2023, était approprié. Si une réforme des retraites était certainement nécessaire à moyen terme, rien ne justifiait que celle-ci fût adoptée dans la précipitation et prenne effet dans le courant de l'année 2023. Du coup, rien ne justifiait non plus le recours à une loi de financement rectificative de la sécurité sociale, surtout si en fin de course la loi a pour seul effet, pour 2023, d'accroître le solde négatif de la branche vieillesse de 200 millions d'euros. Dès lors, quel crédit accorder à la décision du Conseil constitutionnel, les données exposées ci-dessus étant simples d'accès et de compréhension ? Pour mémoire, rappelons que l'objectif de la loi affiché par les pouvoirs publics est de ramener la branche vieillesse de la sécurité sociale à l'équilibre à l'horizon 2030. Comment croire également à la réalisation de cet objectif ?

5.8/ - Article 8 : approbation de l'objectif d'amortissement de la dette sociale, des prévisions de recettes affectées au fonds de réserve pour les retraites (FRR) et du fonds de solidarité vieillesse (FSV)

Article 5 du projet de loi et du texte adopté en CMP

Que dit la loi ?

L'article 8 de la loi porte approbation pour 2023 de l'objectif d'amortissement de la dette sociale, des prévisions de recettes affectées au fonds de réserve pour les retraites (FRR) et des réserves du fonds de solidarité vieillesse (FSV)[1].

Dans le prolongement des observations faites sous l'article 7 de la loi, on retiendra que ces prévisions sont inchangées par rapport aux prévisions initiales, telles que celles-ci figurent à l'article 24 de la loi de financement de la sécurité sociale pour 2023 du 23 décembre 2022, soit :

- Amortissement de la dette sociale : 17,7 milliards d'euros ;
- Fonds de solidarité vieillesse (FSV) : 0 ;
- Fonds de réserve pour les retraites (FRR) : 0.

5.9/ - Article 9 : approbation du rapport annexé à la loi approuvant les prévisions de recettes et de dépenses pour la période 2023 à 2026

Article 6 du projet de loi et du texte adopté en CMP

Que dit la loi ?

L'article 9 porte approbation du rapport annexé à la loi approuvant les prévisions de recettes et de dépenses pour la

---

[1] Article 8 : « *I. - Pour l'année 2023, l'objectif d'amortissement de la dette sociale par la Caisse d'amortissement de la dette sociale est fixé à 17,7 milliards d'euros.*
II. - Pour l'année 2023, les prévisions de recettes par catégorie affectées au Fonds de réserve pour les retraites demeurent fixées conformément au II de l'article 24 de la loi n° 2022-1616 du 23 décembre 2022 de financement de la sécurité sociale pour 2023.
III. - Pour l'année 2023, les prévisions de recettes par catégorie mises en réserve par le Fonds de solidarité vieillesse demeurent fixées conformément au III de l'article 24 de la loi n° 2022-1616 du 23 décembre 2022 précitée. »

période 2023 à 2026 des régimes obligatoires de base de la sécurité sociale, les prévisions de recettes et de dépenses des organismes concourant au financement de ces régimes, ainsi que de l'objectif national des dépenses d'assurance maladie (ONDAM[1]).
Dans la mesure où la loi est une loi rectificative pour 2023 qui, comme on l'a vu, ne comporte donc que deux parties relatives respectivement aux recettes et aux dépenses rectifiées pour 2023 (*voir supra 3.1*), on peut s'interroger sur la place de ces dispositions dans la loi en tant qu'elles concernent 2025 et 2026.

5.10/ - Article 10 : report de l'âge légal de départ à la retraite et augmentation du nombre de trimestres cotisés

Article 7 du projet de loi et du texte adopté en CMP

5.10.1 : Disposition déclarée non conforme

Que dit la loi ?
Sans objet *(voir ci-dessous la décision du Conseil constitutionnel)*

Que dit le Conseil constitutionnel ?
Le 6° du paragraphe III de l'article 10 de la loi prévoyait l'insertion dans le code des pensions civiles et militaires de

---

[1] L'Objectif national de dépenses d'assurance maladie (ONDAM) est un objectif de dépenses à ne pas dépasser en matière de soins de ville et d'hospitalisation dispensés dans les établissements privés ou publics, mais aussi dans les centres médico-sociaux. Il a été créé par les ordonnances de 1996 et est fixé chaque année par le Parlement, conformément aux dispositions de la loi de financement de la sécurité sociale (LFSS). Il correspond aux prévisions de recettes et aux objectifs des dépenses de la sécurité sociale : les soins de ville, les établissements de santé publics et privés, les établissements médico-sociaux, les autres prises en charge. (*Source : https://www.securite-sociale.fr/*)

retraite (pension des fonctionnaires) d'un article L 24 bis qui permettait, pour un agent titulaire occupant un emploi classé actif ou super-actif[1], qu'il soit tenu compte dans le montant de sa pension des services accomplis en qualité d'agent contractuel.

Le Conseil constitutionnel juge que ces dispositions, qui ne peuvent s'appliquer qu'aux services effectués postérieurement à l'entrée en vigueur de la loi, ont une incidence limitée sur les dépenses des régimes obligatoires de retraite et n'ont donc pas leur place dans une LFSSR pour 2023 (*voir infra point 88 de la décision du 14 avril 2023*). Par voie de conséquence, il en va de même pour le paragraphe XXVIII du même article 10 qui fixe la date d'entrée en vigueur des dispositions déclarées non conformes.

Le dispositif a été repris dans le cadre de la LFSS pour 2024 dont l'article 95 (*en attente d'application*[2]) a inséré dans le code des pensions un article 24 bis qui permet la prise en

---

[1] Un emploi public de catégorie active est un emploi qui présente un risque particulier ou des fatigues exceptionnelles. Par risque particulier ou fatigues exceptionnelles, il faut entendre les risques inhérents de façon permanente à un emploi et conduisant à une usure prématurée telle, qu'elle justifie un départ anticipé à la retraite. Cette catégorie d'emplois concerne des fonctionnaires des 3 fonctions publiques (État, territoriale et hospitalière). Les emplois relevant de la catégorie active sont classés par décret pour la fonction publique d'État ou arrêté ministériel pour les fonctions publiques territoriale et hospitalière. Tout emploi qui n'est pas classé en catégorie active est un emploi de catégorie sédentaire. Pour certains emplois dits *super-actifs* et pour les contrôleurs aériens, l'âge minimum de départ à la retraite est relevé, à partir de 52 ans, de 3 mois par an pour atteindre 54 ans en 2030. Les emplois dits super-actifs sont les suivants : 1) Identificateur de l'institut médico-légal de la préfecture de police de Paris ; 2) Fonctionnaire des réseaux souterrains des égouts ; 3) Personnel de surveillance pénitentiaire ; 4) Fonctionnaire des services actifs de la police nationale. (*Source : service-public.fr*)

[2] Consulter l'échéancier du Baromètre d'application des lois de l'Assemblée nationale.

compte des services accomplis en qualité d'agent contractuel dans un corps d'active ou de super active[1].

Décision du Conseil constitutionnel (point 88)
Contractuels des catégories actives et super-actives : non-conformité

« ***88.*** *Les dispositions du 6 ° du paragraphe III de l'article 10, qui insèrent au sein du code des pensions civiles et militaires de retraite un article L. 24 bis prévoyant que les services accomplis par un fonctionnaire dans un emploi classé en catégorie active ou super-active pendant les dix années précédant sa titularisation sont comptabilisés comme des services actifs ou super-actifs pour l'acquisition du droit au départ anticipé, ne sont applicables qu'aux services accomplis en qualité d'agents contractuels à compter de la publication de la loi déférée. Dès lors, ces dispositions n'ont pas d'effet sur les recettes ou les dépenses de l'année des régimes obligatoires de base ou des organismes concourant à leur financement. Elles ne relèvent pas non plus des autres catégories mentionnées à l'article L.O. 111-3-12 du code de la sécurité sociale. Par suite, ces dispositions, ainsi que, par voie de conséquence, celles du paragraphe XXVIII du même article 10, ne trouvent pas leur place dans une loi de financement rectificative de la sécurité sociale. Elles sont donc contraires à la Constitution. Ces dispositions sont séparables du reste de l'article 10 et des autres dispositions de la loi.* »

5.10.2 : Disposition déclarée conforme : Report de l'âge légal de départ à la retraite et augmentation du nombre de trimestres requis pour bénéficier d'une retraite à taux plein.

Les autres dispositions de l'article 10 de la loi, expressément déclarées conformes à la Constitution, concernent le report de l'âge légal de départ en retraite et l'augmentation du nombre de trimestres de cotisation requis pour bénéficier d'une retraite à taux plein.

---

[1] Articles L.24 et L.24bis *sous réserve d'application* du Code des pensions civiles et militaires de retraite.

L'objectif affiché du Gouvernement est, par cette mesure, d'assurer la pérennité financière du système de retraite par répartition.

C'est la mesure phare du projet.

A l'origine, cette mesure consistait dans le report de 62 à 65 ans de l'âge légal de départ à la retraite, âge auquel sera finalement substitué dans le corpus de la loi adoptée l'âge de 64 ans.
L'article 10 de la loi prévoit plus précisément que le passage à cette nouvelle condition d'âge est progressif, l'âge légal de départ en retraite étant augmenté d'un trimestre chaque année à compter du 1er septembre 2023 pour passer de 62 ans à la date de promulgation de la loi à 64 ans pour la génération 1968[1].

Décision du Conseil constitutionnel (points 90 à 94)
Report de l'âge légal de départ à la retraite : conformité

*« **90.** En premier lieu, aux termes du onzième alinéa du Préambule de la Constitution de 1946, la Nation « garantit à tous, notamment à l'enfant, à la mère et aux vieux travailleurs, la protection de la santé, la sécurité matérielle, le repos et les loisirs. Tout être humain qui, en raison de son âge, de son état physique ou mental, de la situation économique, se trouve dans l'incapacité de travailler a le droit d'obtenir de la collectivité des moyens convenables d'existence ».*
***91.** L'exigence constitutionnelle résultant des dispositions précitées implique la mise en œuvre d'une politique de solidarité nationale en faveur des travailleurs retraités. Il est cependant possible au législateur, pour satisfaire à cette exigence, de choisir les modalités concrètes qui lui paraissent appropriées. En particulier, il peut à tout moment, statuant dans le domaine qui lui est réservé par l'article 34 de la Constitution, modifier des textes antérieurs ou abroger ceux-ci en leur substituant, le cas échéant, d'autres dispositions. Il peut également adopter, pour la réalisation ou la conciliation d'objectifs de nature*

[1] Article L.161-17-2 du Code de la sécurité sociale.

constitutionnelle, des modalités nouvelles dont il lui appartient d'apprécier l'opportunité. Cependant, l'exercice de ce pouvoir ne saurait aboutir à priver de garanties légales des exigences de caractère constitutionnel. ***92.*** *Les dispositions contestées de l'article 10 modifient les premier et deuxième alinéas de l'article L. 161-17-2 du code de la sécurité sociale et les 2 ° à 6 ° de l'article L. 161-17-3 du même code afin de prévoir le report de l'âge légal de départ à la retraite de soixante-deux à soixante-quatre ans ainsi que l'accélération du calendrier de relèvement de la durée d'assurance requise pour l'obtention d'une retraite à taux plein.* ***93.*** *En adoptant ces dispositions, le législateur a entendu assurer l'équilibre financier du système de retraite par répartition et, ainsi, en garantir la pérennité. Il a notamment tenu compte de l'allongement de l'espérance de vie. Au nombre des mesures qu'il a prises figurent le report à soixante-quatre ans de l'âge légal de départ à la retraite tant pour les salariés du secteur privé que pour les agents du secteur public ainsi que l'accélération du calendrier de relèvement de la durée d'assurance requise pour bénéficier d'une pension à taux plein. Le législateur a par ailleurs maintenu ou étendu des possibilités de retraite anticipée au bénéfice des personnes ayant eu des carrières longues, de celles ayant un taux d'incapacité de travail fixé par voie réglementaire ou encore des travailleurs handicapés. Il a en outre maintenu l'âge d'annulation de la décote à soixante-sept ans pour les salariés du secteur privé et institué un âge d'annulation de la décote dans la fonction publique. Ce faisant, il a pris des mesures qui ne sont pas inappropriées au regard de l'objectif qu'il s'est fixé et n'a pas privé de garanties légales les exigences constitutionnelles précitées.* ***94.*** *Il résulte de ce qui précède que le grief tiré de la méconnaissance des exigences du onzième alinéa du Préambule de la Constitution de 1946 doit être écarté.* ***95.*** *En second lieu, les dispositions contestées de l'article 10 n'ont en elles-mêmes ni pour objet ni pour effet de supprimer le bénéfice de la majoration de la durée d'assurance de quatre trimestres attribuée aux femmes assurées sociales au titre de l'incidence sur leur vie professionnelle de la maternité, prévue à l'article L. 351-4 du code de la sécurité sociale.* ***96.*** *Le grief tiré de la méconnaissance du troisième alinéa du Préambule de la Constitution de 1946 ne peut donc qu'être écarté.*

La virulente opposition populaire au report de l'âge légal de départ à la retraite a laissé sa trace jusque dans les décisions du Conseil constitutionnel. Par deux décisions des 14 avril[1] (donc le jour même de la promulgation de la loi) et 3 mai 2023[2], celui-ci a en effet déclarées contraires à la Constitution deux propositions de loi référendaires visant à dire que l'âge légal de départ à la retraite ne pouvait être supérieur à 62 ans au motif, discutable selon nous, que, à la date à laquelle le Conseil constitutionnel a été saisi, l'âge de départ en retraite était déjà fixé à 62 ans, de sorte que, en l'absence de toute modification, à cette date, en l'état du droit applicable, les propositions de loi n'emportaient aucune « réforme », condition pourtant exigée par l'article 11 de la Constitution pour l'organisation d'un référendum.

Que dit la loi ?

Au report de l'âge légal du départ en retraite, prévu par des dispositions législatives pour les assurés nés à compter du 1er janvier 1968[3] et règlementaires pour les autres (*voir infra décret n° 2023-436 du 3 juin 2023*), s'ajoute une augmentation progressive du nombre de trimestres cotisés requis pour bénéficier d'une retraite à taux plein[4].

Ce nombre passe de 167 à la date de promulgation de la loi (14 avril 2023) à 172 pour les départs en retraite intervenant à compter du 1er janvier 2027, soit pour la population née en 1965.

---

[1] Décision n° 2023-4 RIP du 14 avril 2023.

[2] Décision n° 2023-5 RIP du 3 mai 2023.

[3] Article L.161-17-2 du Code de la sécurité sociale, articles L.24 et L.25 du Code des pensions civiles et militaires de retraite (âge de départ et abaissement), article L.732-18 du Code rural et de la pêche maritime (non-salariés des professions agricoles).

[4] Article L.161-17-3 du CSS, article L.13, L.12 (bonifications) et L.14 et L.14bis (*nouveau*) (décote) du Code des pensions civiles et militaires, articles L.732-25 et L.781-33 du Code rural et de la pêche maritime (décote).

Le tableau ci-après est une présentation synthétique proposée par le Gouvernement de ces deux séries de données nouvelles.[1]

Année de naissance	**Age légal de départ**	**Nombre de trimestres requis (taux plein)**	**Nombre de trimestres supplémentaires résultant de la loi de 2023**
1960	62 ans	167	0
1961 (entre 1er janvier et 31 août)	62 ans	168	0
1961 (entre 1er septembre et 31 décembre)	62 ans et 3 mois	169	1
1962	62 ans et 6 mois	169	1
1963	62 ans et 9 mois	170	2
1964	63 ans	171	2
1965	63 ans et 3 mois	172	3
1966	63 ans et 6 mois	172	3
1967	63 ans et 9 mois	172	2
1968	64 ans	172	2
1969	64	172	2
1970	64	172	1
1971	64	172	1
1972	64	172	1
1973	64	172	0

[1] *Source :* https://www.service-public.fr/particuliers/vosdroits/F14043

Ces dispositions ont été validées par le Conseil constitutionnel qui a estimé qu'il appartenait au Parlement d'adopter les mesures qu'il estimait nécessaires pour assurer la pérennité du système de retraite par répartition.

Décision du Conseil constitutionnel (points 93 à 97)
Report de l'âge légal de départ : conformité

*« **93.** En adoptant ces dispositions, le législateur a entendu assurer l'équilibre financier du système de retraite par répartition et, ainsi, en garantir la pérennité. Il a notamment tenu compte de l'allongement de l'espérance de vie. Au nombre des mesures qu'il a prises figurent le report à soixante-quatre ans de l'âge légal de départ à la retraite tant pour les salariés du secteur privé que pour les agents du secteur public ainsi que l'accélération du calendrier de relèvement de la durée d'assurance requise pour bénéficier d'une pension à taux plein. Le législateur a par ailleurs maintenu ou étendu des possibilités de retraite anticipée au bénéfice des personnes ayant eu des carrières longues, de celles ayant un taux d'incapacité de travail fixé par voie réglementaire ou encore des travailleurs handicapés. Il a en outre maintenu l'âge d'annulation de la décote à soixante-sept ans pour les salariés du secteur privé et institué un âge d'annulation de la décote dans la fonction publique. Ce faisant, il a pris des mesures qui ne sont pas inappropriées au regard de l'objectif qu'il s'est fixé et n'a pas privé de garanties légales les exigences constitutionnelles précitées. **94.** Il résulte de ce qui précède que le grief tiré de la méconnaissance des exigences du onzième alinéa du Préambule de la Constitution de 1946 doit être écarté. **95.** En second lieu, les dispositions contestées de l'article 10 n'ont en elles-mêmes ni pour objet ni pour effet de supprimer le bénéfice de la majoration de la durée d'assurance de quatre trimestres attribuée aux femmes assurées sociales au titre de l'incidence sur leur vie professionnelle de la maternité, prévue à l'article L. 351-4 du code de la sécurité sociale. **96.** Le grief tiré de la méconnaissance du troisième alinéa du Préambule de la Constitution de 1946 ne peut donc qu'être écarté. » **97.** Par conséquent, les mots « soixante-quatre » et l'année « 1968 » figurant au premier alinéa de l'article L. 161-17-2 du code de la sécurité sociale et l'année « 1968 », la date « 1er septembre 1961 » et les mots « 1967, de manière croissante, à raison de trois mois par génération » figurant au deuxième alinéa du même article et la date « 31 août 1961 » figurant au 2 ° de l'article L. 161-17-3 du même code, la date « 1er septembre*

1961 » et l'année « 1962 » figurant au 3 ° du même article, les mots « en 1963 » figurant à son 4 °, les mots « en 1964 » figurant à son 5 ° et l'année « 1965 » figurant à son 6 °, qui ne méconnaissent ni les exigences de l'article 1er de la Constitution ni aucune autre exigence constitutionnelle, ne sont pas contraires à la Constitution. »

Accélérant la mise en application de la réforme dite Touraine de 2014 (*voir supra 1.4*) qui prévoyait de porter le nombre de trimestres requis pour bénéficier d'une retraite à taux plein à 172 en 2035, la loi de 2023 prévoit donc que ce nombre de trimestres requis révisé à la hausse est exigible dès 2027, selon le calendrier présenté dans le tableau ci-avant.

Les deux conditions d'âge et de nombre de trimestres cotisés demeurent cumulatives, mais leur méconnaissance n'a pas les mêmes effets. Si la condition d'âge n'est pas remplie, la liquidation de la pension est suspendue jusqu'à ce qu'elle soit remplie ; si le nombre de trimestres cotisés est incomplet, une décote est appliquée. L'âge de départ sans décote n'est pas modifié et reste quant à lui fixé à 67 ans[1]. Sauf exceptions pour certains fonctionnaires actifs de la police nationale et pompiers professionnels[2], les fonctionnaires peuvent, sur autorisation dont le refus doit-être motivé, bénéficier d'une autorisation de prolongation d'activité donnant lieu à une surcote de leur pension, jusqu'à l'âge 70 ans (67 ans pour les catégories actives)[3].

A contrario, pour certains fonctionnaires l'âge légal de départ peut, sous certaines conditions, être abaissé de 5 ans (catégorie active) ou 10 ans (services super actifs)[4].

---

[1] Article L.351-8 du CSS (64 ans + 3, en remplacement de 62 ans + 5) ; Article L.5421-4 du Code du travail (demandeurs d'emploi).

[2] Article L.556-8 (police) et L.556-8-1 (pompiers) du Code général de la fonction publique.

[3] Article L.556-1 et L.556-7 et L.556-11 (agents contractuels) du Code général de la fonction publique.

[4] Article L.24 du Code des pensions civiles et militaires de retraite.

L'article 10 prévoit, notamment pour les fonctionnaires, de nombreuses dispositions et dérogations relatives aux différentes limites d'âge et durées d'assurance. On les trouvera détaillées dans le tableau récapitulatif présenté dans la partie « pour aller plus loin » (*infra*) de la présente section.

Par ailleurs, l'article 10 étend à certaines catégories de stages dont les cotisations ont été prises en charge par l'Etat les périodes prises en compte en vue de l'ouverture des droits à pension[1].
Il assouplit les conditions de rachat de trimestres, en faveur des sportifs de haut niveau et des membres d'un organe délibérant ou des délégués d'une collectivité territoriale[2] ou encore, sous certaines conditions, des assurés qui effectuent des études supérieures[3]. Les stages en entreprises peuvent également faire l'objet d'un rachat par l'assuré[4], jusqu'au 31 décembre de l'année de ses 30 ans[5]. Le rachat de périodes d'études supérieures fait quant à lui l'objet d'un abattement[6] soumis à conditions d'âge de l'assuré au moment de la demande : à compter de ses 30 ans et jusqu'au 31 décembre de l'année de ses 40 ans (*voir infra décret 2023-800 du 21 août 2023*).

---

[1] 8° de l'article L.351-3 du CSS. (*voir infra 5.23 article 23 de la loi*)
[2] Article L.351-14-1 du CSS. *Voir également infra décret 2023-800 du 21 août 2023*).
[3] 1° du I de l'article L.351-14-1 du CSS et article L.732-27-1 du Code rural et de la pêche maritime (non-salariés des professions agricoles).
[4] Article L.351-17 du CSS.
[5] *Voir infra décret 2023-800 du 21 août 2023.*
[6] II de l'article L.351-14-1. *Voir également infra décret 2023-800 du 21 août 2023.*

Deux décrets du 3 juin 2023 et deux autres du 21 août 2023 sont intervenus pour l'application de ces dispositions législatives :

Que disent les quatre décrets d'application ?

a) Le décret n° 2023-435 du 3 juin 2023[1] transpose pour les trois régimes de fonctionnaires (Etat[2], collectivités territoriales et fonction publique hospitalière[3]) et pour les ouvriers des établissements industriels de l'Etat[4] certaines dispositions de la loi du 14 avril 2023 concernant le report de l'âge légal de départ en retraite, l'augmentation du nombre de trimestres cotisés requis et les conditions de départ anticipé (*voir supra*).

Ce décret s'applique aux pensions civiles et militaires prenant effet à compter du 1er septembre 2023, à l'exception de son article 10 qui est entré en vigueur le 14 juin 2023 et concerne le maintien en activité au-delà de la limite d'âge des agents relevant d'un corps classé en catégorie active ou super-active[5].

---

[1] Décret n° 2023-435 du 3 juin 2023 portant application des articles 10, 11 et 17 de la loi n° 2023-270 du 14 avril 2023 de financement rectificative de la sécurité sociale pour 2023 (JORF du 4 juin 2023). https://www.legifrance.gouv.fr/jorf/id/JORFTEXT000047625502

[2] Articles R.35 (intégration à la catégorie active des anciens agents des collectivités territoriales et ouvriers des établissements industriels de l'Etat) et R.37bis (âge de départ des fonctionnaires handicapés) du Code des pensions civiles et militaires de retraite.

[3] Article 8, 9 et 10 (services pris en compte), 13 et 15 (bonifications de services – anciens fonctionnaires de police et militaires), 16 (décompte des trimestres liquidables), 20-1 (*nouveau* – annulation de la décote), 21 (majoration pour enfant), 25 à 28, 38 (liquidation) et 53 (fonctionnaires de l'Etat de catégorie active affiliés) du décret n°2003-1306 du 26 décembre 2003.

[4] Articles 4 et 5 (constitution des droits), 10 et 12 (bonifications de services), 13 (trimestres liquidables), 16-1 (*nouveau* – décote), 21 à 22ter (liquidation) du décret n°2004-1056 du 5 octobre 2004 et article 1 (limite d'âge) du décret n°2004-1057 du 5 octobre 2004.

[5] Articles 1, 2 et 6 du décret n° 2009-1744 du 30 décembre et article L.556-1 du Code général de la fonction publique.

b) Le décret n° 2023-436[1] du même jour que le précédent tire les conséquences sur les mesures réglementaires des dispositions législatives relatives à l'âge d'ouverture des droits. Il définit l'âge légal de départ en retraite des assurés nés avant 1968[2] et précise les nouvelles bornes d'âge et les modalités de départ anticipé pour les carrières longues[3], les travailleurs handicapés[4], l'inaptitude au travail[5] et l'incapacité permanente[6] (*pour l'ensemble de ces dispositions voir également infra 5.11 article 11*).
Ce décret est entré en vigueur pour les retraites liquidées à compter du 1er septembre 2023, à l'exception de son article 7 qui est entré en vigueur le 5 juin 2023. Cet article concerne le cas particulier des assurés dont la demande de liquidation de la pension de retraite était en cours d'examen à la date d'intervention de la loi. Celle-ci leur a ouvert le droit de retirer leur demande, notamment dans le cas où l'application de la loi nouvelle leur serait plus favorable. Le décret précise que cette demande de retrait doit intervenir entre le 5 juin et le 31 octobre 2023[7].

---

[1] Décret n° 2023-436 du 3 juin 2023 portant application des articles 10 et 11 de la loi n° 2023-270 du 14 avril 2023 de financement rectificative de la sécurité sociale pour 2023 (JORF du 4 juin 2023).
[2] Article D.161-2-1-9 du CSS.
[3] Articles D.351-1-1 à D.351-1-3 du CSS, articles D.16-1 à D.16-3 du Code des pensions civiles et militaires de retraite, articles D.732-40, D.732-40-1 et D.781-56-1 (Guadeloupe, Guyane, Martinique, La Réunion, Mayotte, Saint-Barthélemy et Saint-Martin) du CRPM.
[4] Articles D.161-2-4-3 (demande de liquidation), D.351-1-5 (âge et durée d'assurance), D.643-14 (professions libérales), D.653-8 (*nouveau* - avocats) du CSS, articles D.732-41 et D.732-86 (non-salariés des professions agricoles) du Code rural et de la pêche maritime.
[5] Articles D.351-1-14 (*nouveau* – abaissement à 62 ans), D.643-14, D.653-8 du CSS, articles D.732-85 et D.732-86-1 (*nouveau*) du Code rural et de la pêche maritime.
[6] Articles D.351-1-12 (dossier), D.161-2-4-3 (demande de liquidation), D.643-14 et D.653-8 du CSS, articles D.732-41, et D.732-86-1 du Code rural et de la pêche maritime ;
[7] XXVI de l'article 10 de la loi du 14 avril 2023

Deux autres décrets numérotés 2023-799 et 2023-800 sont intervenus le 21 août 2023.

a) Le décret 2023-799[1] est pris pour l'application de l'article 10 de la loi, mais également pour l'application des articles 11, 22 et 23 (*voir infra, 5.11, 5.22 et 5.23*). Il précise les conditions dans lesquelles les assurés nés à partir du 1er septembre 1964 peuvent, à compter de 2026, en application de l'article 11 de la loi, (*voir infra 5.11*) majorer leurs droits à pension au titre des périodes de maternité, d'éducation d'enfant handicapé ou de congé parental s'ils remplissent les conditions pour bénéficier d'une retraite à taux plein au moins un an avant d'avoir atteint l'âge légal de départ requis (*voir infra 5.22*) et étend ce dispositif à tous les régimes[2], sans exception.
Ce décret précise également les conditions de prise en compte dans les trimestres cotisés des stages à finalité professionnelle[3] (*voir infra 5.11 et 5.23*), ainsi que les conditions de prise en compte des indemnités journalières perçues au titre de la maternité antérieurement au 1er janvier 2012[4] (*voir infra 5.22*) et relève de 0,75 à 1,25 % le taux de surcote par trimestre cotisé au-delà de la période requise

---

[1] Décret n° 2023-799 du 21 août 2023 portant application des articles 10, 11, 22 et 23 de la loi n° 2023-270 du 14 avril 2023 de financement rectificative de la sécurité sociale pour 2023. JORF n°0193 du 22 août 2023.
[2] Article R.351-2-1 (*nouveau* - tous régimes) du CSS et articles R.9 et R.26quater (*nouveau*) du Code des pensions civiles et militaires, article R.732-42-1 (*nouveau*) du Code rural et de la pêche maritime, article 20 du décret n° 2003-1306 du 26 décembre 2003 (agents des collectivités territoriales), V de l'article 16 du décret n°2004-1056 du 5 octobre 2004 (ouvriers des établissements industriels de l'Etat).
[3] Article R.351-12 - 4°- k) (*nouveau*) du CSS.
[4] Article R.351-29 du CSS.

pour bénéficier d'une retraite à taux plein pour les professions libérales[1], ainsi alignées sur le droit commun[2]. Enfin il porte à 32 le nombre maximum de trimestres rachetables au titre de l'inscription sur la liste des sportifs de haut niveau[3].

b) Le décret 2023-800[4] précise la condition d'âge pour présenter une demande de rachat de périodes de stage[5] et celle pour bénéficier de l'abattement attaché au rachat d'études supérieures, dont il définit le montant[6]. (*Voir supra 5.10.2 « Que dit la loi ? »*). Enfin il précise les conditions de la demande de rachat des périodes d'inscription sur la liste des sportifs de haut niveau[7].

Ces deux derniers décrets sont entrés en vigueur pour l'essentiel le 1er septembre 2023.
Ils sont applicables aux pensions de retraite liquidées à compter de cette date, à l'exception de leurs articles 1er respectifs, relatifs à l'aide personnalisée au logement (APL) dues aux assurés[8] ayant atteint, sans justifier de la durée d'assurance requise pour bénéficier d'un taux plein, l'âge de départ en retraite augmenté de trois années, qui sont applicables aux prestations dues à compter du 1er septembre 2023 et du b du 2° de l'article 4 du décret 2023-799 du 21

[1] Article R.643-8 du CSS.
[2] Article D.351-1-4 du CSS.
[3] Article R.351-12 - 9°- e) (*nouveau*) du CSS.
[4] Décret n° 2023-800 du 21 août 2023 portant application de l'article 10 de la loi n° 2023-270 du 14 avril 2023 de financement rectificative de la sécurité sociale pour 2023. JORF n°0193 du 22 août 2023.
[5] Article D.351-16 du CSS.
[6] Article D.351-4 et D.351-14-1 du CSS.
[7] Article D.351-4 du CSS.
[8] Articles L.351-8 (publics concernés) du CSS, articles D.842-16 (logement-foyer), R.822-6 et R.823-4 (appréciation des ressources), D.861-10 et R.861-5 (Mayotte - exception d'âge) du Code de la construction et de l'habitation.

août relatif aux périodes d'inscription en qualité de sportif de haut niveau qui s'applique à compter du 1er janvier 2023[1].

Que dit l'étude d'impact ?
Selon l'étude d'impact (*voir supra 3.3*), le « rendement » attendu de ces mesures est de 7,5 milliards d'euros en 2026 pour l'ensemble du système dont 4,9 milliards d'euros pour les seuls régimes de base.
Il est de 270 millions d'euros en 2023, dont 180 millions d'euros pour les régimes obligatoires de base.[2]
Ce chiffrage n'est pas cohérent avec celui dont fait état l'article 7 de la loi et selon lequel la hausse des recettes des régimes obligatoires de base au titre de la vieillesse pour 2023 résultant de la loi nouvelle est de 100 millions d'euros (*voir supra 5.7*), soit un écart de 80 % avec les prévisions de l'étude d'impact.
Comme l'a relevé le HCFP (*voir supra 3.2*), les contraintes financières pourraient donc s'avérer plus rigoureuses que prévu !
Pour faire bonne mesure, on ajoutera que l'article 10 de la loi ouvre la 2ème partie de celle-ci, consacrée, conformément aux dispositions de la loi organique, aux dépenses, alors qu'il figurait dans le projet de loi initial dans la partie recettes, sous le numéro 7. Le même article est donc passé de la case « recettes » à la case « dépenses » sans que cela dérange quelqu'un. Sauf à perdre jusqu'à ses rudiments de latin, cet article a bien évidemment pour objet de créer des recettes nouvelles.

---

[1] e) du 9°) de l'article R.351-12 du CSS.

[2] Fiches d'évaluation préalable des articles du projet de loi de financement rectificative de la sécurité sociale pour 2023 - Article 7 : relèvement de l'âge légal - IV. Évaluation des impacts. 1. Impact financier global, p.39.

Pour aller plus loin :

Le lecteur trouvera dans le tableau ci-dessous une présentation synthétique actualisée des dispositions de l'article 10 de la loi.

PARAGRAHE	ALINEA	OBJET	ENTREE EN VIGUEUR
I	1°	Suppression à terme de l'écart du montant de la pension entre hommes et femmes. Article L.111-2-1 du CSS.	01.09.2023
I	2°	Report de l'âge légal du départ en retraite. Article L.161-17-2 du CSS.	01.09.2023
I	3°	Durée d'assurance : Hausse de la durée requise pour le taux plein. Article L.161-17-3 du CSS.	01.09.2023
I	4°	Assurance veuvage : Sans objet. Article L.173-7 du CSS abrogé par la loi n°2003-775 du 21 août 2003 - article 31.	01.09.2023

I	5°	Annulation de la décote : Maintien à 67 ans de l'âge de la suppression. Article L.351-8 du CSS.	01.09.2023
I	6°	Sportifs de haut niveau : Rachat de trimestres. Article L.351-14-1 du CSS.	01.09.2023
I	7°	Études supérieures : Rachat de trimestres. Articles L.351-14-1 du CSS et 9 bis du Code des pensions dans sa rédaction résultant de l'article 94 de la LFSS pour 2024.	01.09.2023
I	8°	Stages professionnels : Rachat de trimestres. Article L.351-17 du CSS.	01.09.2023
II	1°	Abrogation du chapitre VI du titre Ier du livre IV du CSS.	01.09.2023

II	2°	Égoutiers : Bonification de temps de service. Article L.417-11 du Code des communes	01.09.2023
II	3°	Personnels de l'IML de Paris : Bonification de temps de service. Article L.444-5 du Code des communes.	01.09.2023
III	1° à 7°	Fonctionnaires : Durée d'assurance et âge de liquidation de la pension. Articles L.12 et L.13, L.14 et L.14 bis *(modifiés par la loi n° 2023-1322 du 29 décembre 2023 de finances pour 2024, articles 216 et 261)*, L.24 et L.25 du Code des pensions. *Voir également paragraphe XXIV*	01.09.2023
IV		Instituteurs et professeurs des collèges : Départ en retraite en cours d'année scolaire.	01.09.2023

		Article L.911-9 du Code de l'éducation.	
V		Professions agricoles : Age d'annulation de la décote et âge plafond pour le rachat de trimestres. Articles L.732-25, L.732-27 et L.781-33 du CRPM.	01.09.2023
VI		Demandeurs d'emploi : Age de cessation de versement du revenu de remplacement. Article L.5421-4 du Code du travail.	01.09.2023
VII		Éducation nationale : Départ en cours d'année scolaire. Article L.911-9 du Code de l'éducation *Voir ci-dessus, paragraphe IV.*	16.04.2023
VIII	1° à 5°	Fonctionnaires : prolongation d'activité : Conditions, limites d'âge et exceptions. Articles	14.06.2023

		L.556-1, L.556-7, L.556-8 (police nationale), L.556-8-1 (pompiers professionnels) et L.556-11 (agents contractuels) du Code général de la fonction publique.	
VIII	6°	Sapeurs-pompiers professionnels : Congé pour raison opérationnelle : abaissement de l'âge. Article L.826-13 du Code général de la fonction publique.	14.06.2023
IX		Professeurs d'université-praticiens hospitaliers : Date de départ et prolongation d'activité. Article L.6151-3 du code de la santé publique.	16.04.2023
X		Membres du Conseil D'Etat et magistrats des juridictions administratives : Prolongation d'activité. Articles	14.06.2023

		L.133-7-1 et L.233-7 du Code de justice administrative.	
XI		Militaires : Limites d'âge et annulation de la décote. Articles L.4139-16 et L.4141-5 du Code de la défense.	01.09.2023
XII		Agents des corps actifs de la préfecture de police : Conditions d'octroi d'une bonification de services*. Article 1er de la loi n° 57-444 du 8 avril 1957. *Voir également l'article 97 de la LFSS pour 2024.*	01.09.2023
XIII		Sapeurs-pompiers professionnels : Bonification du temps de service. Article 125 de la loi de finances pour 1984 et article 17 de la loi du 28 novembre 1990 relative à la fonction publique territoriale. (Article 98 de la LFSS pour 2024).	01.09.2023

XIV		Fonctionnaires : Limite d'âge du vice-président du Conseil d'Etat, du premier président et du procureur général de la Cour des comptes. Article 1 de la loi n° 84-834 du 13 septembre 1984.	14.06.2023
XV		Fonction publique d'Etat : Limite d'âge et prolongation d'activité : Article 1 de la loi n° 86-1304 du 23 décembre 1986. *Voir également paragraphe III.*	14.06.2023
XVI		Contrôleurs aériens : Bonification du temps de services. Article 5 de la loi n° 89-1007 du 31 décembre 1989.	01.09.2023
XVII		Surveillants de l'administration pénitentiaire : Limite d'âge et bonification. Article 24 de la loi DMOS n° 96-452 du 28 mai 1996.	
XVIII		Personnel hospitalier :	01.09.2023

		Majoration de la durée d'assurance. Article 78 de la loi n° 2003-775 du 21 août 2003 portant réforme des retraites.	
XIX		Agents des douanes : Bonification du temps de services. Article 93 de la loi n° 2003-1312 de finances rectificative pour 2003.	01.09.2023
XX		Personnel des établissements d'enseignement privé sous contrat : Report de l'âge de départ. Article 3 de la loi n° 2005-5 du 5 janvier 2005.	01.09.2023
XXI		Personnel hospitalier : Maintien de l'âge de départ à 62 ans, limite d'âge et annulation de la décote à 65 ans pour certains agents. Article 37 de la loi n° 2010-751 du 5 juillet 2010.	01.09.2023
XXII		Fonctionnaires :	01.09.2023

		Majoration pour certaines catégories (voir articles L.24 et L.25 du Code des pensions) de 2 ans de la durée d'assurance requise pour bénéficier de l'abaissement de l'âge de départ*. Article 35 de la loi n° 2010-1330 du 9 novembre 2010.	
XXIII		Sportifs de haut niveau : Renvoi à un décret pour fixer le nombre de trimestres qui peuvent être pris en compte pour n'avoir pas déjà été pris en compte par un autre régime. Article L.351-3 du CSS. Voir également l'article 93 de la LFSS pour 2024 qui modifie à cet effet l'article L.351-10 du CSS.	01.09.2023
XXIV	Ci-dessous A à H	**Fonctionnaires :** Durées d'assurance, âges de départ, surcote, annulation de la décote :	01.09.2023

		Dispositions dérogatoires. *Voir également paragraphes III et XXII.*	
XXIV	A	Durée d'assurance du taux plein : *Dérogations à l'article L.13 du Code des pensions.* Fonctionnaires sédentaires : Alignement sur le régime général : Article L.161-17-3 du Code de la sécurité sociale.	01.09.2023
XXIV	B	1°) Catégorie active* : a) Durée inchangée pour les fonctionnaires nés avant le 1er septembre 1966. b) 169 trimestres pour ceux nés à compter du 1er septembre 1966. c) Augmentation d'un trimestre par génération pour les générations nées en 1968 et 1969. 2° Catégorie super-active* : a) Durée inchangée pour les	01.09.2023

		fonctionnaires nés avant le 1er septembre 1971. b) 169 trimestres pour ceux nés à compter du 1er septembre 1971. c) Augmentation d'un trimestre par génération pour les générations nées en 1973 et 1974.	
XXIV	C	Fonctionnaires civils autres que ceux mentionnés aux paragraphes A et B et militaires remplissant les conditions de départ avant soixante ans : 1°) Durée inchangée pour les liquidations intervenant avant le 1er septembre 2023. 2°) Augmentation d'un trimestre par an à compter du 1er janvier 2025 pour celles intervenant à compter du 1er septembre 2023 pour atteindre 172 trimestres au 1er janvier 2027.	01.09.2023
XXIV	D	Age d'application de la surcote :	01.09.2023

		dérogations à l'article L.14 du Code des pensions. 1°) Inchangé pour les fonctionnaires : a) Nés avant le 1er septembre 1961 ; b) Pouvant liquider leur pension avant le 1er septembre 2023 ; c) De la catégorie active nés avant le 1er septembre 1966*. d) De la catégorie super-active nés avant le 1er septembre 1971*. 2°) Age anticipé de départ (voir paragraphe F) + 5 ans pour ceux de la catégorie active nés à compter du 1er septembre 1966*. 3°) Age minoré de départ (voir paragraphe F) + 10 ans pour ceux de la catégorie super-active nés à compter du 1er septembre 1971*.	
XXIV	E	Age d'annulation de la décote : *dérogations à l'article L.14bis du code des pensions.*	01.09.2023

		1° a) 67 ans pour les fonctionnaires nés avant le 1er janvier 1968. b) Inchangé pour ceux nés avant le 1er janvier 1958. 2° a) 62 ans pour les actifs et 57 ans pour les super-actifs*. b) Inchangé pour les actifs nés avant le 1er janvier 1963 et les super-actifs nés avant le 1er janvier 1968*.	
XXIV	F	Age de départ des catégories actives et super-actives : *Dérogations à l'article L.24 du Code des pensions.* 1° Catégorie active (âge anticipé) * : a) 57 ans pour les fonctionnaires nés avant le 1er septembre 1966. b) Augmentation de 3 mois par génération jusqu'à 59 ans pour ceux nés à compter du 1er septembre 1966. 2° Catégorie super-active	01.09.2023

		(âge minoré) *: a) 52 ans pour les fonctionnaires nés avant le 1er septembre 1971. b) Augmentation de 3 mois par génération jusqu'à 54 ans pour ceux nés à compter du 1er septembre 1971.	
XXIV	G	Age minimum de départ de certains militaires : *Dérogations à l'article L.25 du Code des pensions.* 1° Inchangé pour les militaires nés avant le 1er septembre 1971. 2° Augmentation de trois mois par an à partir du 1er janvier 2024 jusqu'à atteindre l'âge de cinquante-quatre ans pour ceux nés à compter du 1er septembre 1971.	01.09.2023
XXIV	H	Age légal de départ des agents de la fonction publique hospitalière de la catégorie active ou assimilée ayant opté pour un corps et cadre d'emploi	01.09.2023

		d'infirmiers, de personnels paramédicaux de catégorie A et cadres de santé : *Dérogations au III de l'article 37 de la loi n° 2010-751 du 5 juillet 2010.* 1° 60 ans pour les fonctionnaires nés avant le 1er septembre 1963. 2° Augmentation de trois mois par génération jusqu'à soixante-deux ans pour ceux nés à compter du 1er septembre 1963.	
XXV		Remboursement des cotisations versées : Demandes à présenter avant le 14 avril 2025.	01.09.2023
XXVI		Possibilité de demande d'annulation d'une demande de liquidation présentée avant l'intervention de la loi : Modalités fixées par décret.	01.09.2023
XXVII		Rapport d'évaluation du Comité de suivi des retraites sur la	01.09.2023

		loi et ses mesures (avant le 1er octobre 2027).	
XXVIII		Déclaré non conforme	
XXIX		Application de l'article 10 aux fonctionnaires territoriaux et aux ouvriers d'Etat : Renvoi à un décret.	01.09.2023
XXX		Entrée en vigueur.	01.09.2023
XXXI		Rapport du Gouvernement dans un délai d'un an, sur l'incidence de la loi sur le bénévolat.	01.09.2023

** Sous condition de nombre d'années de service.*

5.11/ - Article 11 : dispositif carrières longues
Article 8 du projet de loi et du texte adopté en CMP

Que dit la loi ?
L'article 11 comprend sept paragraphes numérotés de I à VII.
Le paragraphe I apporte diverses modifications au CSS.
Le II modifie le code de l'action sociale et de la famille.
Le III modifie le code des pensions civiles et militaires de retraite.
Le IV modifie le code rural et de la pêche maritime.
Le V modifie le code du travail.
Le VI concerne le régime applicable à Mayotte.
Le VII rend le III applicable aux fonctionnaires territoriaux et aux ouvriers des EPIC de l'Etat.

Cet article recense les différents mécanismes qui permettent à un assuré, dans les différents régimes et pour des raisons différentes, de partir en retraite sans avoir atteint l'âge légal requis par l'article 10 de la loi.

Il crée un dispositif générique[1] qui s'applique aux carrières longues[2] (*voir infra*) et à la retraite progressive[3], à l'incapacité et l'inaptitude au travail[4], ainsi qu'au handicap[5] (*voir infra*), à la pénibilité[6] et aux charges de famille[7] (*voir infra*). A l'exception du handicap, dans ces différentes hypothèses, l'âge légal de départ en retraite peut être abaissé dans la limite de deux ans dans des conditions fixées par décret (*Voir supra 5.10.2 le décret n° 2023-436 du 3 juin 2023*).

---

[1] Article L.351-1-1 A du CSS, article L.732-17-1 du CRPM (*nouveaux* - dispositions générales) et article L.5421-4 du Code du travail (demandeurs d'emploi).

[2] Articles L.351-1-1, L.161-18, L.161-21-1, Ibis et II de l'article L.643-3 et article L.643-4 (professions libérales), Ibis et II de l'article L.653-2 et article L.653-4 (avocats) du Code de la sécurité sociale, articles L.14 et L. 25bis du Code des pensions civiles et militaires de retraite, articles L.732-17-1 (*nouveau*) et L.732-18-1 Code rural et de la pêche maritime, article L.5421-4 du Code du travail (demandeurs d'emploi).

[3] Article L.161-22-1-5 du CSS.

[4] Article L.351-1-5 (*nouveau*), L.351-8 (taux plein), Ibis et IV de l'article L.643-3 et article L.643-4, Ibis et IV de l'article L.653-2 et article L.653-4 du CSS, article L.732-18-4 du CRPM.

[5] Articles L.351-1-3, L.351-8, L.643-3 et L.643-4, L.653-2, L.653-4 du CSS, articles L.14 (décote) et 5° du I de l'article L.24 du Code des pensions civiles et militaires, articles L.732-18-2, L.732-30 (entrée en jouissance), L.781-33 (décote) du CRPM et L.5421-4 du Code du travail.

[6] Articles L.351-6-1 du CSS, L.5421-4 et L.4163-7 du Code du travail.

[7] Articles L.351-1-2-1 (*nouveau*), L.351-4, L.643-3, L.653-2 du CSS, IV de l'article L.14 et L.24 du Code des pensions civiles et militaires, article L.732-25-2 (*nouveau*) du Code rural et de la pêche maritime.

L'âge légal de départ en retraite peut être abaissé, (régimes général, agricole et fonctionnaires) sur demande[1] et dans des conditions fixées par décret (*Voir supra 5.10.2 décret n° 2023-436 du 3 juin 2023*) à 55 ans pour les assurés handicapés et à 60 ans pour les personnes invalides. Cette disposition nouvelle s'applique également lorsque le handicap ou l'invalidité survient à l'occasion du travail (accident du travail ou maladie professionnelle)[2].

S'agissant plus spécifiquement des carrières longues, l'article 11 de la loi élargit les conditions d'accès au dispositif qui permet aux assurés qui ont commencé à travailler alors qu'ils étaient jeunes de partir en retraite avant l'âge légal.

Avant la réforme, deux bornes d'âge étaient prévues. Ces bornes sont portées par décret[3] de 2 à 4 :

- Ceux qui ont débuté avant l'âge de 16 ans peuvent partir 6 ans plus tôt (au lieu de 4 avant la loi) ;
- Ceux qui ont débuté avant 18 ans peuvent partir 4 ans plus tôt ;
- Ceux qui ont débuté avant 20 ans peuvent partir 2 ans plus tôt (pas de changement) ;
- Ceux qui ont commencé à travailler entre 20 et 21 ans peuvent partir 1 an plus tôt.

Enfin, l'article 11 instaure, au titre des périodes de maternité, d'éducation d'enfant handicapé ou de congé parental (*voir supra*), un mécanisme de bonification pour les assurés qui remplissent les conditions pour bénéficier d'une retraite à taux plein avant d'avoir atteint l'âge légal

---

[1] Article L.161-21-1 du CSS. Se rendre sur la page : https://www.service-public.fr/particuliers/vosdroits/R41580

[2] Article L.351-1-4 du CSS (*voir infra 10.7 article 17 de la loi).*

[3] *Voir supra 5.10.2 décret n° 2023-436 du 3 juin 2023.*

de départ à la retraite. Ces dispositions sont étendues par décret[1] à tous les régimes, sans exception.

Que dit le Conseil constitutionnel ?
Ces dispositions, qui étaient critiquées au nom du principe d'égalité, ont été expressément validées par le Conseil Constitutionnel.

Décision du Conseil constitutionnel
Carrières longues

*« **98.** L'article 11 modifie notamment l'article L. 351-1-1 du code de la sécurité sociale relatif à la détermination de l'âge anticipé auquel certains assurés qui ont commencé à travailler à un jeune âge ont droit à la liquidation d'une pension de retraite. **99.** Les députés auteurs de la troisième saisine font valoir que certains assurés ayant commencé à travailler à un jeune âge pourraient remplir la condition de durée de cotisation pour obtenir une pension de retraite à « taux plein » avant d'avoir atteint l'âge anticipé auquel ils ont droit à la liquidation de leur pension de retraite. Ils devraient alors continuer à cotiser jusqu'à ce qu'ils atteignent cet âge anticipé et cotiseraient ainsi plus longtemps que les autres assurés. Il en résulterait une méconnaissance du principe d'égalité. **100.** Selon l'article 6 de la Déclaration de 1789, la loi « doit être la même pour tous, soit qu'elle protège, soit qu'elle punisse ». Le principe d'égalité ne s'oppose ni à ce que le législateur règle de façon différente des situations différentes, ni à ce qu'il déroge à l'égalité pour des raisons d'intérêt général, pourvu que, dans l'un et l'autre cas, la différence de traitement qui en résulte soit en rapport direct avec l'objet de la loi qui l'établit. **101.** L'article L. 351-1 du code de la sécurité sociale prévoit que l'assurance vieillesse garantit une pension de retraite à l'assuré qui en demande la liquidation à partir de l'âge mentionné à l'article L. 161-17-2. Il prévoit également qu'une durée totale d'assurance est exigée pour obtenir une pension à taux plein. L'article L. 351-1-1 du même code prévoit que l'âge de départ à la retraite est abaissé pour les assurés qui ont commencé leur activité avant un certain âge. **102.** Les dispositions contestées de l'article 11 modifient l'article L. 351-1-1 du code de la sécurité sociale. Elles prévoient que l'âge de départ à la retraite est abaissé pour les assurés*

[1] *Voir supra 5.10.2 décret 2023-799 du 21 août 2023.*

qui ont commencé leur activité avant l'« un des quatre âges, dont le plus élevé ne peut excéder vingt et un ans », qui seront déterminés par décret. Elles prévoient également que la condition tenant à la durée totale d'assurance pour bénéficier du dispositif « ne peut être supérieure à la durée d'assurance » mentionnée au deuxième alinéa de l'article L. 351-1, laquelle est fixée à 172 trimestres pour les assurés nés à partir du 1er janvier 1965 et à 171 trimestres et moins pour les assurés nés avant cette date par l'article L. 161-17-3 du code de la sécurité sociale, dans sa rédaction résultant de l'article 10 de la loi déférée. ***103.*** *En premier lieu, les dispositions contestées abaissent l'âge de départ à la retraite des personnes qui ont commencé à travailler avant vingt et un ans et prévoient que leur durée d'assurance pour obtenir une pension de retraite à taux plein ne peut être fixée à une durée supérieure à celle applicable aux autres assurés. Elles n'ont ainsi ni pour objet ni pour effet d'allonger la durée d'assurance des personnes qui ont commencé à travailler avant vingt et un ans au-delà de la durée totale d'assurance exigée des autres assurés.* ***104.*** *En second lieu, si certains assurés bénéficiant de l'abaissement minimal de l'âge de leur départ à la retraite, qui n'ont pas encore atteint cet âge minimal, pourraient être conduits à continuer à cotiser au-delà de la durée d'assurance requise pour obtenir une pension à taux plein, cette circonstance, qui résulte de situations et de carrières individuelles, ne méconnaît pas le principe d'égalité, au regard de l'objet d'un système de retraite par répartition qui implique de fixer un âge minimal de départ à la retraite.* ***105.*** *Dès lors, le grief tiré de la méconnaissance du principe d'égalité devant la loi doit être écarté.* ***106.*** *Par conséquent, les mots « un des quatre âges, dont le plus élevé ne peut excéder vingt et un ans » et les mots « qui ne peut être supérieure à la durée d'assurance mentionnée au deuxième alinéa du même article L. 351-1 » figurant à la première phrase de l'article L. 351-1-1 du code de la sécurité sociale, qui ne méconnaissent aucune autre exigence constitutionnelle, sont conformes à la Constitution. »*

Que disent les quatre décrets d'application ?

Quatre décrets sont intervenus pour l'application de ces dispositions : les décrets 2023-435 et 2023-436 du 3 juin 2023, le décret 2023-799 du 21 août 2023 et le décret 2023-840 du 30 août 2023.

Les trois premiers de ces décrets d'application sont communs aux articles 10 et 11 de la loi. On les trouvera donc analysés ci-dessus (*voir supra 5.10*).
Le décret 2023-840 du 30 août 2023[1] portant diverses mesures relatives aux régimes de retraite est en réalité relatif aux modalités particulières d'application de la loi dans le cas de certains régimes spéciaux : SNCF, RATP[2], Opéra de Paris[3], Comédie française[4]. Il a été publié au JORF du 31 août 2023 et est entré en application le 1er septembre 2023.

Que dit l'étude d'impact ?
Selon l'étude d'impact (*voir supra 3.3*), le coût des mesures relatives au départ anticipé en retraite est estimé à 1,6 milliard d'euros à l'horizon 2026 pour l'ensemble du système dont 1,1 milliard pour les régimes de base[5].

[1] Décret n° 2023-840 du 30 août 2023 portant diverses mesures relatives aux régimes de retraite.
[2] Article 1 (poursuite d'activité) du décret n° 2011-288 du 18 mars 2011 relatif à la limite d'âge des agents de la SNCF et RATP.
[3] Articles 6ter (conditions d'abaissement d'âge de départ), 28 (retraite progressive) et 33 (cumul emploi-retraite) du décret n°68-382 du 5 avril 1968.
[4] Idem. Articles 6ter, 26 et 31 du décret n°68-960 du 11 octobre 1968.
[5] Fiches d'évaluation préalable des articles du projet de loi de financement rectificative de la sécurité sociale pour 2023 — Article 8 Renforcement des départs anticipés — IV. Evaluation des impacts — 1. Impact financier global, p.65.

Pour aller plus loin :
Le lecteur trouvera dans le tableau ci-après une présentation synthétique actualisée des dispositions de l'article 11 de la loi.

PARAGRAPHE	ALINEA	OBJET	ENTREE EN VIGUEUR
I	5°	Régime général : Abaissement de l'âge de départ : - retraite progressive, - carrières longues, -incapacité permanente, - handicap, - titulaires d'un C2P. Article L.351-1-1-A du CSS.	01.09.2023
I	6°	Carrières longues : Ages de début de carrière ouvrant droit au dispositif. Article L.351-1-1 du CSS.	01.09.2023
I	7°	Régime général : Majoration sous conditions de la pension de l'assuré qui atteint la durée d'assurance requise pour une retraite à taux plein un an au moins avant la date requise. Article L.351-1-2-1 du CSS.	01.09.2023

I	9°	Régime général : Abaissement sous conditions de l'âge de départ pour les assurés reconnus inaptes au travail. Article L.351-1- 5 du CSS.	01.09.2023
I	10°	Régime général : Inaptitude au travail : Droit au taux plein. Article L.351-8 du CSS.	01.09.2023
I	13°	Professions libérales : Idem 5°. Article L.643-3 du CSS.	01.09.2023
I	13 °	Professions libérales : Idem 7°. Article L.643-3 du CSS.	01.09.2023
I	13°	Professions libérales : Abaissement de l'âge de départ en cas d'inaptitude au travail. Article L.643-3 du CSS.	01.09.2023
I	13°	Professions libérales : Idem 6°. Article L.643-3 du CSS.	01.09.2023
I	14°	Avocats : Idem 13°. Article L.653-2 du CSS.	
I	16 °	Avocats : Idem 7°	01.09.2023

		Article L 653-2 du CSS.	
I	16°	Avocats : Idem 5° Article L.653-3 du CSS.	01.09.2023
II	1°	Aide aux anciens migrants : Article de coordination. Article L.117-3 du Code de l'action sociale et des familles.	01.09.2023
III	2°	Fonctionnaires d'Etat : Idem I 7°. Interdiction du cumul des majorations. Article L.14 du Code des pensions.	01.09.2023
III	3°	Fonctionnaires handicapés : Abaissement de l'âge de départ. Article L.24 du Code des pensions.	01.09.2023
III	4°	Fonctionnaires : Carrières longues : Ages d'ouverture du droit au dispositif. Article L.25 bis du Code des pensions.	01.09.2023
IV	1°	Exploitants agricoles : Idem I, 5° Article L.732-17-1 du Code rural et de pêche maritime.	01.09.2023
IV	2°	Exploitants agricoles : Idem I, 6°	01.09.2023

		Article L.732-18-1 du code rural.	
IV	4°	Exploitants agricoles : Idem I, 9° Article L.732-18-4 du code rural.	01.09.2023
IV	5°	Exploitants agricoles : Anciens combattants, droit à pension. Article L 732-23 du Code rural.	01.09.2023
IV	6°(métropole), 7° et 8° (DOM)	Exploitants agricoles : Age d'annulation de la décote sans justifier d'une durée d'assurance ouvrant le droit au taux plein et coefficient de minoration. Articles L.732-25 et L.781-33 du Code rural.	01.09.2023
IV	9 °	Exploitants agricoles : Idem I, 7° Article L.732-25-2 du Code rural	01.09.2023
V		Coordination	01.09.2023
VI	Mayotte	Coordination	01.09.2023
VII		A - Renvoi à un décret en Conseil d'Etat pour les conditions d'application du III aux fonctionnaires territoriaux et aux ouvriers de l'Etat. B – Entrée en vigueur	01.09.2023

5.12/ - Article 12 : perte du droit à la majoration de retraite pour enfants à charge en cas de décision de justice prononçant la déchéance de l'autorité parentale
Article 8 bis du texte adopté en CMP

Que dit la loi ?
L'article 12 de la loi élargit les cas de privation de la majoration de la pension pour enfant à charge en cas de déchéance de l'autorité parentale.
La loi prévoit que désormais cette privation de la majoration s'applique également en cas de déchéance de l'autorité parentale prononcée par le juge pénal à raison de violences sur l'enfant[1].

5.13 et 5.14/ - Articles 13 et 14 : la majoration accordée à la mère au titre de l'allocation d'éducation ou de l'allocation d'adoption ne peut être inférieure à 2 trimestres
Articles 8 ter et 8 sexies du texte adopté en CMP

Que dit la loi ?
Le bénéfice d'au moins la moitié de la majoration pour l'allocation d'éducation ou l'allocation d'adoption, soit 2 trimestres, est garanti à la mère, qu'elle ait ou non choisi de bénéficier de son congé[2].

---

[1] Article L.351-4 et L.351-12 du CSS, article L.18 du Code des pensions civiles et militaires de retraite.
[2] Article L.351-4 du CSS.

5.15/ - Article 15 : modalités d'application du dispositif en cas de décès de l'enfant ou de meurtre
Article 8 nonies du texte adopté en CMP

Que dit la loi ?
L'article 15 détermine les modalités d'application du dispositif de majoration pour enfant à charge de l'article L.351-4 du code de la sécurité sociale en cas de décès de l'enfant.
L'allocation est maintenue en cas de décès de l'enfant avant l'âge de quatre ans. Par ailleurs, l'exclusion de ce bénéfice de la majoration pour enfant (*voir supra 5.12 et 5.13*) est applicable en cas de meurtre sur la personne de l'enfant.

5.16/ - Article 16 : Assouplissement des modalités d'application de la majoration pour enfants à charge telle que prévue par le Code des pensions civiles et militaires
Article 8 decies du texte adopté en CMP

Que dit la loi ?
L'article 16 assouplit les modalités d'application de la majoration pour enfants à charge de la fonction publique qui est désormais applicable pour l'ensemble des enfants décédés et non plus seulement dans le cas des enfants décédés pour faits de guerre[1].

[1] Article L.18 du Code des pensions civiles et militaires de retraite.

5.17/ - Article 17 : usure professionnelle

Article 9 du projet de loi et du texte adopté en CMP

5.17.1 : Disposition déclarée non conforme

Que dit la loi ?

Sans objet (voir ci-dessous la décision du Conseil constitutionnel)

Que dit le Conseil constitutionnel ?

Le 7° du paragraphe III de l'article 17 de la loi votée insérait dans le code du travail un article L.4624-2-1-1 qui permettait au travailleur qui effectuait ou avait effectué des travaux pénibles de subir, au cours de sa soixante-et-unième année, une visite médicale au cours de laquelle, si son état de santé le justifiait, il pouvait d'être informé de la possibilité qui lui était ouverte d'être reconnu inapte au travail. Comme pour les autres dispositions déclarées non conformes, le Conseil constitutionnel a jugé que l'incidence limitée de ce dispositif sur les dépenses des régimes de base était trop faible pour justifier de sa place dans la loi de financement. En conséquence, ce dispositif ne figure pas dans la loi promulguée.

Décision du Conseil constitutionnel (points 111 à 112)

Prévention de la santé au travail : non-conformité

*« **111.** Le 7 ° du A du paragraphe III de l'article 17 insère au sein du code du travail un article L. 4624-2-1-1 permettant aux salariés exerçant ou ayant exercé des métiers ou des activités particulièrement exposés à certains facteurs de risques professionnels de bénéficier d'un suivi individuel spécifique, comprenant, entre le soixantième et le soixante et unième anniversaires, une visite médicale au cours de laquelle, si son état de santé le justifie, le salarié est informé de la possibilité d'être reconnu inapte au travail. **112.** Ces dispositions n'ont pas d'effet ou un effet trop indirect sur les dépenses des régimes obligatoires de base ou des organismes concourant à leur financement.*

Elles ne relèvent pas non plus des autres catégories mentionnées à l'article L.O. 111-3-12 du code de la sécurité sociale. Dès lors, elles ne trouvent pas leur place dans une loi de financement rectificative de la sécurité sociale. Elles sont donc contraires à la Constitution. »

5.17.2. - Dispositions déclarées ayant leur place en loi de financement et adoptées selon les règles applicables à une telle loi

Que dit la loi ?

Outre la création au sein de la Caisse nationale d'assurance maladie d'un fonds de prévention de l'usure professionnelle dont il définit le rôle et le fonctionnement, l'article 17 modifie la prise en compte de la pénibilité au travail.

L'âge légal de départ en retraite à taux plein sans condition de durée d'assurance est abaissé à 60 ans pour les assurés qui justifient d'un taux fixé par décret d'incapacité permanente d'origine professionnelle et abaissé, sous certaines conditions, de deux ans lorsque ce taux n'est pas atteint[1].

Par ailleurs loi précise les conditions de fonctionnement et d'utilisation[2] du compte professionnel de prévention (C2P), notamment son utilisation pour un projet de reconversion professionnelle[3].

Enfin, dans la fonction publique, les agents exposés à des carrières dites actives et super-actives (*voir supra 5.10*) conservent leur droit à un départ anticipé.

---

[1] Article L.351-1-4 du CSS, article L.732-18-3 du Code rural et de la pêche maritime.

[2] Article L.4163-2-1, L.4163-5, L.4163-7, L.4163-15 du Code du travail.

[3] Articles L.4163-8-1 à L.4163-8-5 *(nouveaux)*, L.6323-17-1 et L.6323-17-2 du Code du travail.

Que dit le Conseil constitutionnel ?

Le Conseil constitutionnel a expressément validé le paragraphe I de l'article 17 qui insère dans le code de la sécurité sociale un article L.221-1-5 instaurant un fonds d'investissement pour la prévention de l'usure professionnelle. Ce fonds sera placé auprès de la Commission des accidents du travail.

De la même façon, le Conseil a validé la création dans le secteur hospitalier d'un fonds de même nature prévu au A du paragraphe VI de l'article.

Il convient d'insister sur le fait que le Conseil constitutionnel s'est borné à constater que ces dispositions avaient leur place en loi de financement, sans se prononcer sur le fond, de sorte que rien ne s'oppose à ce que la question de la conformité de ces dispositions à la Constitution soit reprise (*voir supra 3.4*) à l'occasion d'une loi ordinaire.

Décision du Conseil constitutionnel

Fonds d'investissement dans la prévention de l'usure professionnelle

*« **109.** Le 1 ° du paragraphe I de l'article 17 insère au sein du code de la sécurité sociale un article L. 221-1-5 prévoyant la création d'un fonds d'investissement dans la prévention de l'usure professionnelle placé auprès de la commission des accidents du travail et des maladies professionnelles de la Caisse nationale de l'assurance maladie. Le paragraphe VI de cet article institue un fonds pour la prévention de l'usure professionnelle dans les établissements publics de santé, les centres d'accueil et de soins hospitaliers et les établissements sociaux et médico-sociaux publics. **110.** Ces dispositions, qui entrent en vigueur dès 2023, prévoient que ces fonds sont alimentés chaque année par une dotation des régimes obligatoires de base d'assurance maladie, ont une incidence sur les dépenses de l'année en cours de ces régimes. Elles trouvent donc leur place dans une loi de financement rectificative de la sécurité sociale et ont été adoptées selon une procédure conforme à la Constitution. »*

Que disent les trois décrets d'application ?
Trois décrets sont intervenus pour l'application de cet article législatif.

a) Le décret n° 2023-759[1] précise les conditions de mise en œuvre des dispositions de l'article 17 de la loi relatives au fonds d'investissement pour la prévention de l'usure professionnelle, notamment la définition par la Commission des accidents du travail et des maladies professionnelles des orientations du fonds et l'adoption du budget annuel[2].
S'agissant du compte professionnel de prévention (C2P), le décret précise les modalités d'acquisition de points[3] en cas de poly-exposition à un risque d'usure[4]. Il supprime par ailleurs le plafond du nombre de points pouvant être inscrits sur le C2P au titre de l'ensemble de la carrière de l'assuré.
Ce décret est entré en vigueur le 1er septembre 2023, à l'exception des dispositions relatives à la transmission dématérialisée des données relatives aux demandes de mobilisation des points du C2P qui entrent en vigueur le 1er septembre 2024 (article R.4163-15 du Code du travail).

b) Le décret 2023-760[5] du même jour fixe la composition et le fonctionnement du comité d'experts[6] qui peut assister

---

[1] Décret 2023-759 du 10 août 2023 relatif au fonds d'investissement dans la prévention de l'usure professionnelle et au compte professionnel de prévention (C2P) (JORF du 11 août 2023).
[2] Articles R.221-9-1, R.251-6-1 à R.251-6-4 et R.221-9-2 (cartographie des métiers) du CSS.
[3] Articles R.4163-11, R.4163-13 et R.4163-15 (utilisation des points) du Code du travail et article R.751-40 du CRPM.
[4] Article R.4163-9 du Code du travail.
[5] Décret n° 2023-760 du 10 août 2023 portant application de l'article 17 de la loi n° 2023-270 du 14 avril 2023 de financement rectificative de la sécurité sociale pour 2023 (JORF du 11 août 2023).
[6] Articles D.221-42 à D.221-50 (*nouveaux*) du CSS

la Commission des accidents du travail et des maladies professionnelles pour établir la cartographie des métiers et des activités exposés aux facteurs de risques ergonomiques ainsi que les modalités de dotation du fonds[1] à France Compétences[2] et de son reversement aux commissions paritaires interprofessionnelles régionales[3].
Enfin le décret abaisse les seuils associés aux facteurs de risques professionnels « travail de nuit » et « travail en équipes successives tournantes »[4] du C2P, améliore le barème de conversion des points du compte pour la formation[5] et le travail à temps partiel[6] et fixe les modalités de l'utilisation du compte pour un projet de reconversion professionnelle[7]. Ce décret est entré en vigueur le 1er septembre 2023.

c) Le décret 2023-435 du 3 juin 2023 est le dernier des trois décrets qui concernent l'article 17 de la loi. Il est commun aux articles 10, 11 et 17 de la loi. On le trouvera donc analysé plus haut (*voir supra 5.10*).

Que dit l'étude d'impact ?
Le départ en retraite anticipé pour incapacité permanente et le compte professionnel de prévention (C2P) étaient avant la réforme les deux dispositifs permettant la prise en compte de l'usure professionnelle. Ces deux dispositifs sont

---

[1] Article D.4163-30-5 du Code du travail.
[2] France compétences est une institution nationale créée au 1er janvier 2019 en application de la *loi pour la liberté de choisir son avenir professionnel* du 5 septembre 2018. Elle a pour mission d'assurer le financement, la régulation et l'amélioration du système de la formation professionnelle et de l'apprentissage (*Source : francecompétences.fr*).
[3] Article D.6123-26-1 du Code du travail.
[4] Article D.4163-2 du Code du travail.
[5] Article R.4163-13 du Code du travail.
[6] Articles D.4163-13-1 et D.4163-26 du Code du travail.
[7] Articles D.4163-30-1 à D.4163-30-5 du Code du travail.

financés par la branche AT-MP de l'assurance maladie du régime général et du régime agricole.
Selon l'étude d'impact les mesures décrites ci-dessus auraient pour effet de porter les dépenses de la branche AT-MP du régime général au titre de l'usure professionnelle de 52 millions d'euros en 2023 à 284 millions d'euros en 2026 et à 294 millions en 2027[1].

5.18/ - Article 18 : création d'une pension d'orphelin et revalorisation des petites pensions
Article 10 du projet de loi et du texte voté en CMP

Que dit la loi ?
a) A l'instar de ce qui existait déjà dans certains régimes (*voir, par exemple, pour le régime minier, supra 2.2*), la loi généralise la pension d'orphelin[2] (*voir infra décret n° 2023-754 du 10 août 2023*).
Celle-ci peut être allouée pour chacun des deux parents décédés lorsque tous deux relevaient du régime général.
Sous conditions de ressources, la pension d'orphelin peut être versée jusqu'à l'âge de vingt-cinq ans et sans conditions d'âge pour les enfants handicapés.
Les articles 100 et 101 de la LFSS pour 2024 ont modifié le code rural pour y intégrer la pension d'orphelin en faveur des assurés du régime agricole.

b) Par ailleurs, est posé le principe selon lequel la pension de retraite versée pour une carrière complète ne peut être inférieure à un plancher (minimum contributif) fixé par décret et égal à 85 % du SMIC net (ou du SMAC dans le secteur agricole) en y incluant la retraite complémentaire,

---

[1] Fiches d'évaluation préalable des articles du PLFRSS pour 2023 - Article 9 : Prévenir et réparer l'usure professionnelle - IV. Évaluation des impacts - 1. Impact financier global, p.91.
[2] Articles L.358-1 à L.358-7 du CSS.

pour un assuré qui justifie d'une carrière complète au SMIC, soit 709,13 euros mensuels au 1er septembre 2023[1]. Le montant minimum de la pension est désormais indexé sur le SMIC et non plus sur l'évolution des prix. Il sera révisé au 1er janvier en fonction des évolutions du SMIC au cours de l'année écoulée[2].

c) Enfin, le décret en Conseil d'État 2023-752 et le décret 2023-754 parus au Journal officiel le 11 août revalorisent le minimum de pension à hauteur de 100 € par mois pour les personnes partant en retraite à compter du 1er septembre 2023[3].

Par mesure d'équité ces décrets majorent également, sous conditions (*voir infra décret 2023-754*), de 100 euros mensuels pour le taux plein (minimum contributif majoré[4]), le montant des petites pensions des anciens salariés du régime général ou indépendant assimilés, du régime agricole et du régime des cultes ayant pris effet avant le 1er septembre 2023[5]. La liquidation de cette majoration dite exceptionnelle, qui concerne 1 700 000 personnes, doit intervenir entre le 1er septembre 2023 et le 1er septembre 2024. Environ 200 000 nouveaux retraités en bénéficieront chaque année, soit environ un départ sur quatre[6]. Dans ce cas le détail, le calcul et la liste des bénéficiaires de cette

[1] 4° du II de l'article L.114-4, L.311-2 (travailleurs salariés), L.631-1 (travailleurs indépendants) du CSS, article L.722-20 du CRPM (professions agricoles), article L.17 du Code des pensions civiles et militaires de retraite (fonctionnaires).
[2] Articles L.351-10 du CSS et article L.732-54-2 du CRPM.
[3] Article D.351-2-1 du CSS.
[4] Article L.351-10 du CSS.
[5] V l'article 18 de la loi et article 3 du décret 2023-754.
[6] *Source : travail-emploi.gouv.fr*

majoration sont nuancés dans la circulaire 2023-21 du 02 novembre 2023 de la CNAV[1].

Par ailleurs, les agriculteurs partis à la retraite au taux plein au titre d'une inaptitude et ou de leur âge seront désormais éligibles au complément différentiel de points de retraite complémentaire obligatoire (CDRCO)[2]. Environ 45000 exploitants seront ainsi revalorisés. Les paiements seront opérationnels courant 2024, avec effet rétroactif pour les versements antérieurs au 1er septembre 2023.

Des mesures spécifiques sont adoptées concernant les petites retraites dans le secteur agricole d'ores et déjà liquidées[3].

Que disent les deux décrets d'application ?

a) Le décret n° 2023-752 du 10 août 2023 détermine les conditions d'affiliation des assurés bénéficiaires de l'assurance vieillesse des aidants (AVA) (*voir infra 5.25*) et d'assurance vieillesse des parents au foyer (AVPF)[4], et, comme le fait de décret n°2023-754 (*voir infra*) pour le régime général[5], plafonne pour les fonctionnaires, les magistrats, les militaires[6] et les ouvriers des établissements

---

[1] https://legislation.lassuranceretraite.fr/Pdf/circulaire_cnav_2023_21_02112023.pdf

[2] Permet, sous certaines conditions, de garantir au chef d'exploitation agricole (à l'exclusion du conjoint et des salariés) une retraite minimale égale à 85 % du SMIC. Consulter la fiche du Sénat : https://www.senat.fr/fileadmin/import/files/fileadmin/Fichiers/Images/delegation/decentralisation/Guichet_unique/04_04_2022_Retraite_de_l_elu_local_ayant_exerce_le_metier_d_exploitant_agricole.pdf

[3] Articles L.732-54-3, L.732-56 (chefs d'exploitation), L.732-60 et L.732-63 (points de retraite) du Code rural et de la pêche maritime.

[4] Articles R.381-5 à R.381-9, R.742-9 et R.742-10 (tierce personne) du CSS.

[5] Article D.351-2-2 du CSS.

[6] Article R.31-1 (*nouveau*) du Code des pensions civiles et militaires, I de l'article 22 du décret n°2003-1306 du 26 décembre 2003 (fonction publique territoriale).

industriels de l'Etat[1], à 24 trimestres les périodes assimilées à ce titre à des services effectifs qui peuvent être pris en compte pour le calcul du minimum contributif (*voir supra*).
Il subordonne à la résidence en France d'une durée au moins égale à 9 mois au cours de l'année civile le bénéfice de l'allocation de solidarité aux personnes âgées (ASPA)[2].
Il fixe également les règles de demande de la pension d'orphelin[3].
Il tire enfin les conséquences de la création de l'assurance vieillesse aux aidants (AVA), dont il élargit le bénéfice : « Les droits à l'assurance vieillesse sont ouverts à de nouveaux aidants : a) les parents d'un enfant handicapé dont le taux d'incapacité est inférieur à 80 %, mais qui sont éligibles au complément de l'allocation d'éducation de l'enfant handicapé ; b) les aidants d'un adulte handicapé qui ne cohabitent pas ou ne présentent pas de lien familial avec la personne aidée, mais qui ont un lien stable et étroit avec elle. Les parents d'enfants bénéficiaires de la prestation de compensation du handicap, par exemple, se voient ainsi ouvrir des droits à la retraite au régime général ». (*source* : https://www.servicepublic.fr/particuliers/actualites/A1671) (*voir également infra 5.25*). Il est en particulier prévu que, sauf exception, l'affiliation à l'AVA, créée par la loi, est automatique, à la diligence de la Caisse d'allocation familiales (CAF) ou de la Caisse de la mutualité sociale agricole (CMSA)[4] et autorise le traitement des données à caractère personnel dénommé « Échange inter-régimes de retraite » en vue du calcul de la majoration exceptionnelle des pensions ayant pris effet avant le 1er septembre 2023[5].

[1] Article 18 du décret n°2004-1056 du 5 octobre 2004 relatif au régime des pensions des ouvriers des établissements industriels de l'Etat.
[2] Article R.111-2 du CSS.
[3] Articles R.358-1 à R.358-3 du CSS.
[4] Articles R.381-5 et R.381-6 du CSS.
[5] Article R.161-69-1 du CSS.

b) Le décret n° 2023-754 du même jour que le précédent revalorise la pension minimale de référence des régimes général et agricoles qui s'applique aux pensions liquidées depuis le 1er septembre 2023[1] ainsi que le minimum contributif et sa majoration[2] dont il précise pour le régime agricole les modalités de calcul[3] et abroge les dispositions antérieures à la loi qui prévoyaient leur indexation sur l'inflation.
Il précise les conditions d'affiliation[4] au régime général des assurés bénéficiaires de l'assurance vieillesse des aidants (AVA) et d'assurance vieillesse des parents au foyer (AVPF) prévues par le décret n° 2023-752 (*voir supra*).
Il fixe également les paramètres de la pension d'orphelin (*voir supra décret n° 2023-752*) servie en cas de décès du parent assuré survenu depuis le 1er septembre 2023[5]. Son montant est aligné sur le régime des pensions de réversion et fixé à 54 % de la pension à laquelle pouvait prétendre l'assuré décédé, avec un minimum brut fixé par l'article L. 358-3 du CSS à 100 euros par mois (voir également l'article 100 de la LFSS pour 2024[6]).
Il précise par ailleurs le seuil de la récupération de l'allocation de solidarité aux personnes âgées (ASPA) sur la succession[7] que la loi a relevé de 39 000 à 100 000 euros en métropole et à 150 000 euros pour les DOM[8].
Enfin il définit à son article 3 les paramètres de la majoration exceptionnelle (*voir supra*) de 1200 euros par an des petites pensions pour les assurés du régime général et

---

[1] Articles D.732-113 du Code rural et de la pêche maritime.
[2] Article D.351-2-1 du CSS.
[3] Articles D.732-111 du Code rural et de la pêche maritime.
[4] Articles D.381-3 à D.381-6 du CSS.
[5] Articles D.358-1 à D.358-4 (*nouveaux*) du CSS.
[6] https://www.legifrance.gouv.fr/jorf/article_jo/JORFARTI000048668797
[7] Article D.815-6 du CSS.
[8] Article L.815-13 du CSS.

du régime agricole liquidées antérieurement au 1er septembre 2023[1], dont il convient de préciser qu'elle n'est pas prise en compte dans le calcul des aides au logement ou la détermination des droits à la protection complémentaire dont l'assuré bénéficiait déjà au 31 août (article 6 du décret).

Que dit l'étude d'impact ?
L'étude d'impact (*voir supra 3.3*) évalue le coût des nouvelles règles concernant les minima de pension et la revalorisation exceptionnelle de 2023 à 440 millions d'euros pour 2023 et à 1,4 milliard en 2024 avec une augmentation de 100 millions par an pour chacune des deux années 2025 et 2026[2].

5.19 et 5.20/ - Articles 19 et 20 : majoration des pensions de retraite servies à Mayotte

Articles 10 bis et 10 ter du texte adopté en CMP

Que dit la loi ?
Les articles 19 et 20 majorent les pensions de retraite servies à Mayotte.
L'article 19 confie à un décret d'application le soin de fixer les conditions de la majoration exceptionnelle de la pension, cependant que l'article 20 prévoit de même la fixation par décret des modalités de la majoration exceptionnelle de l'allocation spéciale pour les personnes âgées (ASPA). Ces dispositions sont complétées par celles de l'article 90 de la LFSS pour 2024 qui adapte la loi du 14

[1] V de l'article 18 de la loi du 14 avril 2023.
[2] Fiches d'évaluation préalable des articles du projet de loi de financement rectificative de la sécurité sociale pour 2023 - Article 10 : Revalorisation des petites pensions et amélioration du recours à 'ASPA - IV. Évaluation des impacts 1. Impact financier global - Impact sur les dépenses de minima de pension (Mico, PMR et CD de RCO), p.108.

avril 2023 aux cas particuliers de Mayotte et de Saint-Pierre-et-Miquelon.

Que dit le décret d'application ?

Le décret 2023-966[1] du 20 octobre 2023 pris pour l'application des dispositions des articles 19, 20 et 26 de la loi fixe à 50 euros bruts le montant mensuel de la revalorisation exceptionnelle des pensions de retraite des assurés mahorais (100 euros pour les assurés ayant liquidé une retraite à taux plein) et à 10 % la revalorisation des salaires portés au compte des assurés mahorais pour le calcul de leur pension[2].

Le décret porte en outre à 7566,60 euros le montant maximum annuel de l'allocation spéciale pour les personnes âgées dans le cadre de la revalorisation exceptionnelle prévue par l'article 20 de la loi[3].

Pour l'application de l'article 26 de la loi, le décret adapte par ailleurs à Mayotte diverses disposions relatives au cumul emploi-retraite, à la cessation progressive d'activité et aux versements pour la retraite (*voir infra 5.26*). Ce décret est entré en vigueur le 22 octobre 2023.

5.21/ - Article 21 : extension de la majoration pour enfants à charge

Article 10 quater du texte adopté en CMP

Que dit la loi ?

---

[1] Décret n° 2023-966 du 20 octobre 2023 portant application des articles 19, 20 et 26 de la loi n° 2023-270 du 14 avril 2023 de financement rectificative de la sécurité sociale pour 2023..

[2] Article 12 de l'ordonnance n° 2002-411 du 27 mars 2002.

[3] Article 25 du décret n°2003-589 du 1 juillet 2003.

La majoration de la pension pour enfants à charge est étendue au régime agricole, au régime de base des professions libérales et à celui des avocats[1].
Dans le régime des professions libérales, les majorations spécifiques à la mère (*voir infra 5.22*) sont rendues applicables aux pensions servies à compter du 1er septembre 2023 (JORF du 21 octobre 2023).

5.22/ - Article 22 : meilleure prise en compte de la maternité : surcote et prise en compte rétroactive de l'incidence de la maternité à toutes les femmes, quelle que soit la date du congé de maternité
Article 10 quinquies du texte adopté en CMP

Que dit la loi ?
La réforme de 2010 (*voir supra 1.4*) a institué à compter du 1er janvier 2012 un dispositif destiné à neutraliser l'incidence négative du congé de maternité sur le montant de la pension de retraite.
Sur amendement sénatorial, ce dispositif est, pour les retraites liquidées à compter du 1er septembre 2023, étendu aux femmes dont le congé de maternité est antérieur au 1er janvier 2012[2].
Par ailleurs, bénéficient d'une surcote les parents qui ont atteint le nombre de trimestres requis pour une retraite à taux plein un an avant l'âge légal de la retraite et qui justifient d'au moins un trimestre de majoration au titre de la maternité, de l'adoption ou de l'éducation de l'enfant[3].

Que dit le décret d'application ?

---

[1] 5° de l'article L.223-1 (CAF), articles L.351-12, L.643-1-1 (professions libérales) et L.653-3 (avocats) du CSS.
[2] VI de l'article 118 de la loi n° 2010-1330 du 9 novembre 2010 portant réforme des retraites.
[3] Articles 2 à 4 du décret n° 2023-799 du 21 août 2023.

Le décret d'application de cette disposition législative est le décret n° 2023-799 du 21 août 2023. Ce décret est commun aux articles 10, 11, 22 et 23 de la loi. On le trouvera analysé plus haut (*voir supra 5.10*).

5.23/ - Article 23 : révision des modalités de prise en compte de certaines périodes de stage à finalité professionnelle

Article 11 du projet de loi et du texte adopté en CMP

Que dit la loi ?

L'article 23 fixe les conditions dans lesquelles il est tenu compte dans le calcul des droits à pension de certaines périodes de stage d'insertion professionnelle qui sont désormais pour partie assimilées à des périodes de cotisation pour le calcul des droits à pension[1].

Le même article assouplit par ailleurs les règles applicables aux indemnités versées aux élus locaux qui, sur option, peuvent être désormais soumises intégralement à cotisation, ce qui permettra qu'il en soit tenu compte dans le calcul des droits à pension[2].

Le décret n° 2023-838 du 30 août 2023, entré en vigueur le 1er septembre 2023, détermine les modalités de mise en œuvre de ce dispositif[3].

Que disent les deux décrets d'application ?

a) Les mesures d'application des dispositions législatives autres que celles qui concernent les élus locaux sont principalement constituées par le décret n° 2023-799 du 21 août 2023. Ce décret est commun aux articles 10, 11, 22 et

---

[1]Articles L.351-3 et L.382-31 du CSS.

[2] 4° de l'article L.351-14-1 du CSS ; k) de l'article R.351-12 du CSS.

[3] Décret n° 2023-838 du 30 août 2023 relatif à la mise en œuvre pour les élus locaux de la faculté de cotisation et de la prise en compte des périodes de mandats pour les versements pour la retraite prévues à l'article 23 de la LFRSS pour 2023.

23 de la loi. On le trouvera analysé plus haut (*voir supra 5.10*).

b) Pour les élus locaux, on se reportera au décret n° 2023-838 du 30 août 2023 relatif à la mise en œuvre pour les élus locaux de la faculté de cotisation et de la prise en compte des périodes de mandats pour les versements pour la retraite prévus à l'article 23 de la LFRSS rectificative pour 2023 (JORF du 31 août 2023).
Voir également l'article 99 de la LFSS pour 2024[1] qui étend le dispositif aux délégués des intercommunalités.

Que dit l'étude d'impact ?
L'impact financier de cette mesure est modéré. Il est estimé par l'étude d'impact (voir 3.3) à 18 millions d'euros en 2024, 24 millions en 2025 et 31 millions en 2026[2].

5.24/ - Article 24 : régime des sapeurs-pompiers volontaires
Article 11 bis du texte adopté en CMP

Que dit la loi ?
Cet article instaure un mécanisme de majoration des pensions de retraite versées aux assurés ayant exercé pendant au moins dix ans en qualité de sapeur-pompier volontaire[3].

---

[1] https://www.legifrance.gouv.fr/jorf/article_jo/JORFARTI000048668796
[2] Fiches d'évaluation préalable des articles du projet de loi de financement rectificative de la sécurité sociale pour I2023 - Article 11 - Valider pour la retraite une période assimilée pour certains stages de la formation professionnelle - IV. Évaluation des impacts — 1. Impact financier global - p.126.
[3] Articles L.173-1-5 (*nouveau*), L.381-2, L.753-6-1 (*nouveau*) (outremer), L.742-1 (assurance volontaire) du CSS et 1° de l'article L.732-54-1 du Code rural et de la pêche maritime (majoration de la pension de retraite).

Pour le cas des sapeurs-pompiers professionnels, le lecteur pourra se reporter au tableau annexé au commentaire de l'article 10 de la loi (*voir supra 5.10*).

5.25/ - Article 25 : règles applicables aux parents d'enfants malades ou handicapés et aux aidants

Article 12 du projet de loi et du texte adopté en CMP

Que dit la loi ?

Les personnes autres que les fonctionnaires et assimilés qui sont bénéficiaires de l'allocation de présence parentale ou de l'allocation de proche aidant sont affiliées au régime de l'assurance vieillesse du régime général dite assurance-vieillesse des aidants (AVA) (*voir supra 5.18*). Ce dispositif élargit le champ de l'assurance vieillesse des parents au foyer (AVPF). Il est financé par la branche autonomie de la sécurité sociale[1].

Des dispositions spécifiques, partiellement rétroactives au 1er janvier 2023, concernent les enfants handicapés[2].

Que disent les deux décrets d'application ?

Deux décrets sont intervenus le 10 août 2023 pour l'application de l'article 25 de la loi.

---

[1] La cinquième branche de la Sécurité sociale dédiée à l'autonomie a été consacrée par la loi du 7 août 2020 relative à la dette sociale et à l'autonomie. Son pilotage a été confié à la Caisse nationale de solidarité pour l'autonomie (CNSA), qui est désormais une caisse nationale de sécurité sociale. (Ordonnance du 1er décembre 2021, JORF du 02 décembre 2021). (*Source : vie-publique.fr*)

[2] Article L. 381-2 du CSS.

Ces deux décrets, numérotés 2023-752[1] et 2023-754[2], sont communs aux articles 18 et 25 de la loi. On les trouvera analysés plus haut (*voir supra 5.18*).

Que dit l'étude d'impact ?
Le coût de la mesure concernant l'AVA est estimé par l'étude d'impact (*voir supra 3.3*) à 140 millions d'euros pour chacune des trois années 2024, 2025 et 2026.
Dans le prolongement des observations qui font l'objet de la rectification du solde de la branche vieillesse de la sécurité sociale pour 2023 (*voir supra 5.7*), on relèvera que le solde négatif rectifié de la branche autonomie s'accroît de 100 millions d'euros pour s'établir à 1,3 milliard dans la loi rectificative contre 1.2 milliard dans la loi initiale de financement de la sécurité sociale pour 2023[3].
Comme pour la branche vieillesse (*voir supra, 5.7*) la loi qui se proposait de tendre à pérenniser le système de retraite par répartition a donc pour principal effet d'accroître le solde négatif de la branche autonomie.

5.26/ - Article 26 : dispositions relatives au cumul emploi retraite et à la cessation progressive d'activité

Article 13 du projet de loi et du texte adopté en CMP

---

[1] Décret n° 2023-752 du 10 août 2023 relatif à la revalorisation des minima de pension, à la pension d'orphelin, à l'allocation de solidarité aux personnes âgées et à l'assurance vieillesse des aidants. (JORF n° du 11 août 2023).

[2] Décret n° 2023-754 du 10 août 2023 portant application des articles 18 et 25 de la loi du 14 avril 2023 de financement rectificative de la sécurité sociale pour 2023 relatifs à la revalorisation des minima de pension, à la pension d'orphelin, à l'allocation de solidarité aux personnes âgées et à l'assurance vieillesse des aidants (JORF du 11 août 2023).

[3] Fiches d'évaluation préalable des articles du projet de loi de financement rectificative de la sécurité sociale pour 2023 - Article 12 : Création d'une assurance vieillesse pour les aidants (AVA) - III. Évaluation des impacts - 1. Impact financier global, p.133.

Que dit la loi ?

L'article 26 de la loi comprend douze paragraphes numérotés de I à XII.

Le paragraphe I apporte diverses modifications au code de la sécurité sociale.

Le II modifie le code des pensions civiles et militaires de retraite.

Le III modifie le code rural et de la pêche maritime.

Le IV modifie le code des transports.

Le V modifie le code du travail.

Le VI rend l'article 26 de la loi applicable aux agents territoriaux et aux ouvriers de l'Etat et de ses EPIC dans des conditions fixées par décret en Conseil d'Etat.

Le VII s'intéresse aux élus des collectivités territoriales.

Le VIII précise les conditions d'articulation entre la retraite initiale et celle acquise par la poursuite d'activité.

Le IX précise les conditions d'application à Mayotte du cumul emploi retraite.

Le X précise les conditions d'application dans le temps de l'article L.323-2 du code de la sécurité sociale.

Le XI traite de la situation spécifique de certains médecins.

Le XII prévoit que, sous certaines réserves, l'article 26 s'applique aux pensions de retraite qui prennent effet au 1er septembre 2023.

L'article 26 de la loi assouplit les règles applicables au cumul emploi-retraite[1], désormais créateur de droits,

---

[1] Articles L.161-22 (revenus, cumul intégral, activités), L.653-7 (condition d'âge), L.161-22-1 (droits nouveaux) et L.161-22-1-1 à L.161-22-1-4 (*nouveaux*), L.161-17 (information), L.634-6 (travailleurs indépendants), L.643-6 (professions libérales), L.341-16 et L.341-17 (pension d'invalidité et cumul emploi-retraite), L. 353-1 (pension de réversion et cumul emploi-retraite), L.357-4 (Haut-Rhin, Bas-Rhin, Moselle) du Code de la sécurité sociale, articles L.732-39 (non-salariés des professions agricoles), L.732-40 (impossibilité de cession) et L.732-41 (pension de réversion) du Code rural et de la pêche

notamment en ouvrant, dans certaines conditions, un droit à une nouvelle pension au profit des assurés qui poursuivent une activité professionnelle postérieurement à la liquidation de leur pension de retraite.

A cette fin, les articles L.161-22 et L.161-22-1 (nouveaux) du Code de la sécurité sociale précisent les conditions de cumul d'une pension de retraite et des revenus provenant de la poursuite d'une activité professionnelle après la liquidation de la pension de retraite. En vertu de l'article L.161-22-1, ce cumul ne permet pas d'acquérir des droits nouveaux, sauf dans le cas de la retraite progressive ou dans le cas où le cumul intégral est permis, le cumul intégral étant lui-même subordonné à une condition d'âge.

En l'absence de changement d'employeur, un délai de vacuité de six mois est requis. Lorsque le cumul intégral est autorisé, la poursuite de l'activité professionnelle donne lieu à l'acquisition de nouveaux droits à pension, selon des modalités fixées par l'article L.161-22-1-1 (nouveau) du CSS et dans le respect d'un plafond fixé par décret. Sous réserve des dérogations en faveur de certains régimes spéciaux (*voir supra 5.11 le décret 2023-840*), une troisième pension ne peut résulter de la poursuite de l'activité (Article L.161-22-1-2 du CSS).

Cet article 26 de la loi concerne par ailleurs la cessation progressive d'activité qui permet de travailler à temps partiel tout en bénéficiant d'une partie de sa pension de retraite[1]. Le régime, jusqu'alors limité aux salariés du

---

maritime, article L.5552-21 du Code des transports (marins), article L.84 et L.38 (pension de réversion) du Code des pensions civiles et militaires de retraite (fonctionnaires de l'Etat civils et militaires), article 20-8-5 de l'ordonnance n° 96-1122 du 20 décembre 1996 et ordonnance n° 2002-411 du 27 mars 2002 (Mayotte).

[1] I de l'article L.161-22-1-5 (*nouveau* - dispositions générales) et articles L.161-22-1-6 à L.161-22-1-9 (*nouveaux),* L.341-14-1 (suspension de la pension d'invalidité) du Code de la sécurité sociale,

régime général, aux artisans et aux commerçants, est étendu à l'ensemble des assurés, notamment aux fonctionnaires[1]. Les conditions d'octroi de la cessation progressive d'activité sont par ailleurs assouplies, le refus devant être motivé. Enfin, les périodes d'activité à temps partiel correspondant à la cessation progressive d'activité sont désormais prises en compte dans le calcul des droits à pension.

Le nouveau régime de la retraite progressive est organisé par le paragraphe I de l'article et plus précisément par les articles L.161-22-1-5 et suivants du CSS. Il est ouvert à partir d'un âge et sous réserve d'une certaine durée d'assurance fixés par décret. La retraite progressive entraîne la liquidation partielle de la pension de retraite. Le montant ainsi liquidé est uniforme selon les différents régimes. Il est fixé par décret (voir ci-après). Le dispositif s'applique en cas de travail à temps partiel, y compris dans le cas des agents titulaires et non titulaires de la fonction publique[2].

Par ailleurs, *sous réserve de la publication du décret d'application*, l'article 96 de la LFSS pour 2024[3] a exclu du dispositif de la retraite progressive :

---

article L.732-29 du Code rural et de la pêche maritime (non-salariés des professions agricoles), articles (*nouveaux*) L.3121-60-1 (salariés en forfait jours - *Version en vigueur depuis le 28 décembre 2023 en attente d'application*) et L.3123-4-1 du Code du travail (demande et motivation du refus - *Version en vigueur depuis le 28 décembre 2023 en attente d'application*).

[1] Articles L.89 bis et L.89 ter (*nouveaux*) du Code des pensions civiles et militaires de retraite et L.161-22-1-6 (temps partiel des agents titulaires et non-titulaires) du CSS.

[2] Article L.161-22-1-6 du CSS

[3] Article 96 de la loi n° 2023-1250 du 26 décembre 2023 de financement de la sécurité sociale pour 2024 et II de l'article L.161-22-1-5 (*sous réserve d'application* : consulter l'échéancier du *Baromètre d'application des lois* de l'Assemblée nationale). Article L.311-3 (activité concernées) du Code de la sécurité sociale.

- Les assurés en pré-retraite ;
- Les assurés qui exercent à titre exclusif, occasionnel ou non-salarié une des activités figurant sur une liste établie par décret (voir l'article 2 du décret n° 2022-677 du 26 avril 2022[1]).

Que disent les trois décrets d'application ?

Si l'on excepte le décret 2023-966 du 20 octobre 2023[2] qui est spécifique à Mayotte (*voir supra 5.19 et 5.20*), deux décrets sont intervenus pour l'application de ces dispositions législatives.

a) Le décret n° 2023-751_du 10 août 2023[3] précise les modalités de calcul de la pension de vieillesse due au titre des nouveaux droits à pension constitués dans le cadre du cumul emploi-retraite, ainsi que les obligations des assurés et des organismes chargés de la liquidation de cette seconde pension dans les différents régimes[4].

Il détermine également les modalités d'élargissement et d'accès à la retraite progressive[5]. Il adapte le dispositif aux

[1] Article 2 du décret n° 2022-677 du 26 avril 2022 relatif à l'extension et aux modalités de service de la retraite progressive et article D.351-14-4 du CSS (**abrogé** par l'article 3 du décret n° 2023-753 du 10 août 2023 – *voir infra*).

[2] Décret n° 2023-966 du 20 octobre 2023 portant application des articles 19, 20 et 26 de la loi n° 2023-270 du 14 avril 2023 de financement rectificative de la sécurité sociale pour 2023 (JORF du 21 octobre 2023).

[3] Décret 2023-751 du 10 août 2023 relatif au cumul emploi retraite et à la cessation progressive d'activité (JORF du 11 août 2023). https://www.legifrance.gouv.fr/jorf/id/JORFTEXT000047956244

[4] Articles R.161-18 à R.161-19-4 (*nouveaux*) du CSS.

[5] Articles R.161-19-5 à R.161-19-11 (*nouveaux*) du CSS.

régimes agricole[1], des clercs et salariés de notaire[2], de l'Opéra national de Paris[3], des mines[4], et l'étend aux fonctionnaires territoriaux et à la fonction publique hospitalière[5], aux ouvriers de l'Etat[6], aux professionnels libéraux et aux avocats[7].
Le décret s'applique aux pensions liquidées à compter du 1er septembre 2023, sauf pour les fonctionnaires territoriaux et de la fonction publique hospitalière et les ouvriers de l'Etat qui peuvent présenter leur demande de cessation progressive d'activité dès le 12 août 2023.

b) Adopté le même jour que le précédent, le décret n° 2023-753[8] précise le plafond annuel du montant de la seconde

---

[1] Articles D.732-167 à D.732-176-1 et L.732-29 (personnes non salariées des professions agricoles) du Code rural et de la pêche maritime.

[2] Article 108 du décret n°90-1215 du 20 décembre 1990 portant application de la loi du 12 juillet 1937 instituant une caisse de retraite et de prévoyance des clercs et employés de notaires et modifiant certaines dispositions relatives à cette caisse.

[3] Article 1 du décret n° 2015-1012 du 18 août 2015 relatif aux conditions d'application des règles de cumul emploi retraite aux danseurs du ballet de l'Opéra national de Paris. (*Dispositions abrogées par l'article 4 du décret n° 2023-840 du 30 août 2023 portant diverses mesures relatives aux régimes de retraite et remplacées par l'article 28 du décret n°68-382 du 5 avril 1968 portant statut de la caisse de retraites des personnels de l'Opéra national de Paris*).

[4] Article 143 du décret n°46-2769 du 27 novembre 1946 portant organisation de la sécurité sociale dans les mines.

[5] Articles 49 bis à 49 sexies (*nouveaux*) du décret n°2003-1306 du 26 décembre 2003 relatif au régime de retraite des fonctionnaires affiliés à la Caisse nationale de retraites des agents des collectivités locale.

[6] Articles 34 bis à 34 sexies (*nouveaux*) du décret n°2004-1056 du 5 octobre 2004 relatif au régime des pensions des ouvriers des établissements industriels de l'Etat.

[7] Articles R.161-19-5 à R.161-19-11 (*nouveaux*) du CSS.

[8] Décret 2023-753 du 10 août 2023 portant application de l'article 26 de la loi de financement rectificative de la sécurité sociale pour 2023

pension de retraite qui fait suite à la constitution de nouveaux droits à pension dans le cadre du cumul d'une pension de retraite et de revenus d'activité[1].

Il précise encore les modalités d'élargissement et d'assouplissement de l'accès à la retraite progressive[2] et étend ce dernier dispositif aux fonctionnaires civils de la fonction publique de l'Etat[3], ainsi que, comme indiqué ci-dessus, aux professionnels libéraux et aux avocats[4].

Dans ces différents régimes, le décret s'applique aux retraites liquidées à compter du 1er septembre 2023.

Que dit l'étude d'impact ?

Le coût des nouvelles règles relatives à la cessation progressive d'activité, qui devraient se traduire par une augmentation du nombre des bénéficiaires, notamment dans la fonction publique d'Etat, est estimé à 160 millions d'euros à l'horizon 2026, se ventilant à raison de 100 millions pour l'Etat au titre de la subvention d'équilibre pour le régime de la fonction publique d'Etat, 50 millions

---

relatif au cumul emploi-retraite et à la cessation progressive d'activité (JORF du 11 août 2023).

[1] Articles D.161-2-5 à D.161-2-23 du CSS.

[2] Articles D.161-2-24 à D.161-2-24-7 (*nouveaux* — condition d'âge, de revenus, durée d'assurance, montant de la pension …) du CSS, articles (*nouveaux*) D.3121-36 (salariés en forfait-jours) et D.3123-1-1 (conditions de la demande) du Code du travail, articles D.732-167 à D.732-176-1 du Code rural et de la pêche maritime (conditions et modalités de liquidation et de calcul de la fraction de pension ainsi que de la pension définitive des non-salariés des professions agricoles).

[3] Articles D.37-1 à D.37-3 (*nouveaux*) du Code des pensions civiles et militaires de retraite et circulaire TFPF2321792C du 06 septembre 2023 relative à la gestion de la retraite progressive des fonctionnaires de l'État et des magistrats et à l'organisation des relations entre le Service des retraites de l'État et les employeurs partenaires.

[4] Articles D.161-2-24 à D.161-2-24-7 du CSS. Voir aussi la fiche du CNBF - La retraite des avocats - septembre 2023 – Retraite progressive des avocats.

pour les régimes de base et 10 millions pour les régimes complémentaires[1].

Pour aller plus loin :
Le lecteur trouvera dans le tableau ci-dessous une présentation synthétique actualisée des dispositions de l'article 26 de la loi :

PARAGRAPHE	ALINEA	OBJET	ENTREE EN VIGUEUR
I	1°	Pension : Information du salarié. Relevé de situation. Article L.161-17 du CSS.	01.09.2023
	2°	Cumul emploi retraite : Dispositions générales, public concerné et/ou exclu, âge, activités, règles de plafonnement. Articles L.161-22 et L.161-22-1 du CSS	01.09.2023

[1] Fiches d'évaluation préalable des articles du projet de loi de financement rectificative de la sécurité sociale pour 2023 - Article 13- Amélioration des transitions entre l'activité et la retraite - IV. Évaluation des impacts — 1. Impact financier global — Mesures relatives au développement de la retraite progressive, p.146.

	5°, 6°	Nouveaux droits à pension, assiette : Articles L.161-22-1-1 et L.161-22-1-3 du CSS.	01.09.2023
	6°	Régimes spéciaux inclus : marins, opéra de Paris, mines. Article L.161-22-1-2 du CSS.	01.09.2023
	6°	Fonctionnaires et indépendants, et professions libérales : Suspension par décret des plafonds et seuil en situation d'urgence. Article L161-22-1-4 du CSS.	- Alinéa 1 : s'applique à compter du 01.01.2023 -Alinéa 2 (d'ordre public) : application aux assurances compléme ntaires : 16.04.2023
	7°	Retraite progressive : Public concerné (y compris indépendants et chefs d'exploitation agricole).	01.09.2023

		Article L.161-22-1-5 du CSS.	
	7°	Agents titulaires et non-titulaires de la fonction publique. Article L161-22-1-6 du CSS.	01.09.2023
	7°	Liquidation sur demande de la pension complète de l'assuré. Article L161-22-1-7 du CSS.	01.09.2023
	7°	Suppression définitive : reprise d'un temps complet ou montant du revenu de l'activité. Article L161-22-1-8 du CSS.	01.09.2023
	7°	Retraite progressive et pension d'invalidité. Article L161-22-1-9 du CSS.	01.09.2023
	8°	Indemnités journalières de sécurité sociale et	01.09.2023

		retraite progressive. Article L.323-2 du CSS.	
	9°	Suspension de la retraite progressive (régime général et régime agricole). Article L.341-14-1 du CSS.	01.09.2023
	10°	Cumul retraite et pension d'invalidité des fonctionnaires. Article L.341-14-2 du CSS.	01.09.2023
	11° 12°	Conversion de la pension d'invalidité en pension de retraite : demande et conséquences de l'absence de demande, cas des demandeurs d'emploi. Articles L.341-15, L.341-16 et L.341-17	01.09.2023

		du CSS.	
	13°	Cumul Emploi-retraite : veuvage et invalidité. Article L.342-1 du CSS.	01.09.2023
	15°	Réversion de la pension et emploi-retraite. Article L.353-1 du CSS.	01.09.2023
	16°	Emploi-retraite : Haut-Rhin, Bas-Rhin, Moselle. Articles L.357-4 et D.357-4 du CSS.	01.09.2023
	18°	Cumul emploi retraite des indépendants. Article L.634-6 du CSS.	01.09.2023
	19°	Cumul emploi retraite des professions libérales. Article L.643-6 du CSS.	01.09.2023

II	2° 3°	Prise en compte pour la pension de retraite des différentes situations de temps partiel des fonctionnaires. Articles L.11 et L.14 du Code des pensions.	01.09.2023
	4°	Cumul emploi-retraite : Pension de réversion des fonctionnaires. Article L.38 du Code des pensions.	01.09.2023
	5°	Cumul emploi-retraite : Dispositions spécifiques aux fonctionnaires civils et militaires. Articles. L.84 à L.86-1 du Code des pensions. Article L161-22-1-1 du CSS.	01.09.2023

		1° de l'article L.351-8 du CSS ; Articles L.351-1 et L.161-17-2 du CSS (conditions d'âge).	
	6°	Retraite progressive des fonctionnaires. Articles L.89 bis et L.89 ter du Code des pensions. Les articles L.84 à L.86-1, L.89 *bis* et L.89 *ter* du Code des pensions sont applicables aux agents territoriaux et aux ouvriers de l'Etat et de ses EPIC dans des conditions déterminées par décret en Conseil d'État. Voir également article 96 de la LFSS pour 2024	01.09.2023
III	3°	Retraite progressive	01.09.2023

		des non-salariés des professions agricoles. Article L.732-29 du CRPM.	**En vertu du 4° du XII de l'article 26,** *« L'article L. 732-29 du code rural et de la pêche maritime, dans sa rédaction antérieure à la présente loi, et les articles L. 351-15, L. 351-16 (abrogés) et L. 634-3-1(abrogé) du code de la sécurité sociale, dans leur rédaction antérieure à la présente loi,* ***continuent de s'appliquer aux assurés bénéficiant d'une retraite progressiv***

			e à la date du 1er septembre 2023. *Toutefois, la liquidation de la pension complète ne peut être obtenue que lorsque ces assurés remplissent les conditions d'âge et de durée d'assurance prévues aux articles L. 161-17-2 et L. 161-17-3 du code de la sécurité sociale, dans leur rédaction résultant de la présente loi »*
	4°		01.09.2023
	5°	Cumul emploi retraite des	01.09.2023

		non-salariés des professions agricoles, dispositions générales et constitution de nouveaux droits à pension. IV, V et VI de l'article L. 732-29 du CRPM.	
IV		Cumul emploi-retraite des marins. Article L.5552-21 du Code des transports.	01.09.2023
V	1° 2°	Non cumul des indemnités de départ ou de mise à la retraite ou départ volontaire (taux et conditions d'attribution). Articles L.1237-7 et L.1237-9 du Code du travail.	01.09.2023
	3°	Retraite progressive : Temps réduit des salariés ayant conclu une	01.09.2023 Ces disposition s ne s'applique

		convention en forfait jours ou salariés souhaitant « passer » à temps partiel : conditions de demande et de refus. Articles L.3121-60-1 et L.3123-4-1 du Code du travail.	nt qu'aux demandes présentées à compter de cette même date.
	4°	Retraite progressive : Passage à temps partiel, conditions d'acceptation de la demande. Article L.3123-4-1 du Code du travail.	01.09.2023
	5°	Prise en compte du travail à temps partiel (y compris étudiants) : CDI, CDD et intérimaires. Article L.3123-7 du Code du travail.	01.09.2023
	7°	Transition emploi-retraite : mission de	01.09.2023

		France Travail. Article L.5312-1 du Code du travail.	
VI	1°	Cumul emploi retraite des fonctionnaires. Dispositions générales, cas d'interdiction et disposition spéciale pour les militaires. Articles L.84 à L.89 bis du Code des pensions civiles et militaires.	01.09.2023
VII	1°	Cumul emploi retraite : Élus des collectivités territoriales. Assiette des indemnités de fonction prises en compte, ouverture de droits à nouvelle pension. Article 11 de la loi n° 2022-1158 du 16 août 2022 Article L. 382-31 du CSS.	01.09.2023

VIII	1°	Mayotte : invalidité et cumul emploi-retraite. Article 20-8-5 de l'ordonnance n° 96-1122 du 20 décembre 1996	01.09.2023
IX	1°	Retraite à Mayotte : nouvelles dispositions générales. Ordonnance n° 2002-411 du 27 mars 2002 et articles 11-2, 14-1 et 23-4 (non-salariés). Voir également article 90 de la LFSS pour 2024.	01.09.2023
X	1°	Retraite progressive et indemnités journalières de sécurité sociale : non application du plafond fixé par décret (régime général et régime agricole). Article L.323-2	16 04.2023

		du CSS.	
XI	1°	Cumul emploi-retraite : dispositions spécifiques aux médecins. Exonération de cotisations et non-ouverture de droits. a) Article 13 de la loi n° 2022-1616 du 23 décembre 20 23 b) Articles L.161-22-1 et L.161-22-1-1 du CSS.	a) 24.12.2022 b) 01.09.2023

5.27/ - Article 27 : disposition déclarée non conforme à la Constitution
Article 13 bis du texte adopté en CMP

Que dit la loi ?
Sans objet (voir ci-dessous la décision du Conseil constitutionnel).

Que dit le Conseil constitutionnel ?
L'article 27 de la loi votée instaurait un mécanisme d'information à destination des assurés sur le système de retraite par répartition.
Comme pour les articles 2, 3, 6 et, partiellement, 10 et 17, le Conseil a jugé que l'influence de ce dispositif sur les dépenses des régimes de base était trop limitée pour justifier

de sa place dans une loi de financement de la sécurité sociale rectificative. En conséquence, l'article 27 ne figure pas dans la loi promulguée (*voir infra points 117 à 119 de la décision du 14 avril 2023*).

Décision du Conseil constitutionnel (points 118 à 119)
Information des assurés

*« **118**. L'article 27 instaure un dispositif d'information à destination des assurés sur le système de retraite par répartition. **119**. Ces dispositions n'ont pas d'effet ou un effet trop indirect sur les dépenses des régimes obligatoires de base ou des organismes concourant à leur financement. Elles ne relèvent pas non plus des autres catégories mentionnées à l'article LO 111-3-12 du code de la sécurité sociale. Dès lors, elles ne trouvent pas leur place dans une loi rectificative de la sécurité sociale. Sans que le Conseil constitutionnel ne préjuge de la conformité du contenu de ces dispositions aux autres exigences constitutionnelles, il a lieu de constater que, adoptées selon une procédure contraire à la Constitution, elles lui sont donc contraires ».*

5.28/ - Article 28 : entrée en vigueur de l'article L.161-24-1 du code de la sécurité sociale

Article 13 ter du texte adopté en CMP

Que dit la loi ?

Les titulaires d'une pension de retraite servie par un régime français légal de base qui résident à l'étranger doivent justifier chaque année du fait qu'ils sont en vie en adressant à la caisse dont ils relèvent une déclaration sur l'honneur.
L'article L.162-24-1 du code de la sécurité sociale assouplit les modalités d'information de la caisse en prévoyant que la preuve de vie peut résulter d'une communication électronique. Faute de décret d'application, cette disposition adoptée en 2020 n'était toutefois pas entrée en vigueur. L'article 28 de la loi fixe cette entrée en vigueur

au plus tard au 1er septembre 2023. En tout état de cause, le décret d'application est entré en vigueur le 31 juillet 2023.[1]

5.29/ - Article 29 : Disposition concernant Mayotte
Article 14 A du texte adopté en CMP

Que dit la loi ?
Comme les articles 19 et 20 (*voir supra 5.19 et 5.20*), l'article 29 est spécifique à Mayotte. Il organise un régime de prestations complémentaires pour certaines professions libérales[2].

5.30 à 5.36/ - Articles 30 à 36 : Fixation des objectifs de dépenses pour 2023
Articles 14 à 20 du projet de loi et du texte adopté en CMP

Que dit la loi ?
Les articles 30 à 36 de la loi fixent les objectifs de dépenses de sécurité sociale par branche pour l'année 2023.

Parmi ces objectifs, l'article 35 fixe à 19,3 milliards d'euros les objectifs de dépenses du Fonds de solidarité vieillesse (FSV). Le Conseil constitutionnel a expressément jugé que ces dispositions trouvaient leur place dans la loi.

---

[1] Décret n° 2023-868 du 28 juillet 2023 autorisant la création d'un traitement automatisé de données à caractère personnel pour le contrôle de l'existence des bénéficiaires d'une pension de vieillesse résidant à l'étranger (JORF du 30 juillet 2023).
[2] Article 23-5 de l'ordonnance n° 2002-411 du 27 mars 2002 et article L.640-1 (activités concernées) du CSS.

Décision du Conseil constitutionnel (points 113 à 115)
Financement des régimes obligatoires

*« **113.** L'article 35 fixe les prévisions des charges des organismes concourant au financement des régimes obligatoires de sécurité sociale pour l'année 2023. À ce titre, il fixe à 19,3 milliards d'euros les prévisions de charges du Fonds de solidarité vieillesse. **114.** Les députés auteurs de la deuxième saisine soutiennent que ces dispositions n'auraient pas leur place dans une loi de financement rectificative de la sécurité sociale. **115.** Aux termes de l'article L.O. 111-3-5 du code de la sécurité sociale : « Dans sa partie comprenant les dispositions relatives aux dépenses pour l'année à venir, la loi de financement de l'année : 1 ° Fixe les charges prévisionnelles des organismes concourant au financement des régimes obligatoires de base ». Selon l'article L.O. 111-3-10 du même code : « la loi de financement rectificative comprend deux parties : ... 2 ° Une seconde partie correspondant à la partie de la loi de financement de l'année comprenant les dispositions relatives aux dépenses ». Il en résulte que les dispositions de l'article 35 trouvent leur place dans une loi de financement rectificative de la sécurité sociale. »*

L'article 36 fixe quant à lui les objectifs rectifiés de dépenses de la branche vieillesse pour 2023 à 273,7 milliards d'euros contre 273,3 milliards prévus à l'article 23 de la loi initiale du 23 décembre 2022 n° 2022-1616 de financement de la sécurité sociale pour 2023[1]. Le tableau d'équilibre tel qu'il figure à l'article 7 de la loi rectificative (*voir supra 5.7*) fait apparaître une prévision de recettes de la branche vieillesse pour 2023 de 269,8 milliards d'euros contre 269,7 en loi initiale, soit une hausse des recettes de 0,1 milliard résultant de la loi rectificative. Au total, le solde négatif de la branche vieillesse pour 2023 s'établit donc à 3,8 milliards d'euros, soit une hausse de 0,2 milliard par rapport à la loi initiale du 23 décembre 2022.

[1] https://www.legifrance.gouv.fr/jorf/article_jo/JORFARTI000046791786

Les articles 7 et 36 de la loi jettent donc encore un peu plus le doute sur le choix du véhicule législatif arrêté par le Gouvernement.

Alors que le recours à la procédure de la loi rectificative de financement de la sécurité sociale est justifié par les pouvoirs publics par la nécessité d'adopter en cours d'année des mesures de nature à pérenniser notre système de retraite, la loi rectificative se traduit par une hausse du solde négatif de la branche vieillesse qui passe de 3,6 milliards en loi initiale à 3,8 milliards après l'adoption de la loi rectificative. Le rapprochement des articles 23 de la loi de financement initiale et 7 de la loi rectificative confirme donc l'incidence marginale de la loi du 14 avril 2023 sur le budget de la branche vieille de la sécurité sociale pour 2023. De surcroît, cette incidence marginale est, en tout état de cause, une hausse du solde négatif. On a vu également (*voir supra 5.25*), que le solde négatif de la cinquième branche, la branche autonomie, s'accroissait, avec la loi de financement rectificative, de 100 millions d'euros, soit au total un accroissement du passif de 300 millions d'euros.

Dans ces conditions, qui peut sérieusement croire que l'objectif recherché était un retour à l'équilibre du système à l'horizon 2030 ?

IIIème partie : et demain ?

CHAPITRE 6
Une réforme en profondeur de notre système d'assurance retraite est inévitable

En accroissant le solde négatif de la branche vieillesse pour 2023, la loi du 14 avril 2023 a donc manqué son objectif qui était de garantir la pérennité de notre système de retraite par répartition.
Sachant que les retraites représentent le quart de nos prestations sociales, il convient donc d'ores et déjà d'anticiper une prochaine réforme d'envergure de notre système de retraite qui, à moyen terme, paraît inéluctable.
A quelles conditions ?

6.1/ - Un capharnaüm à mettre à plat

A côté de l'assurance maladie, de la branche accidents du travail et maladies professionnelles et de l'assurance maternité, l'assurance vieillesse (retraite) est un des quatre piliers sur lesquels repose le système de protection sociale mis en place à la Libération par Pierre Laroque, sous l'égide du ministre du travail, Alexandre Parodi[1].
On connaît principalement deux types de régimes d'assurance retraite. Dans le système (américain par exemple) de la capitalisation, les sommes versées par le cotisant à un instant T1 lui permettent d'accumuler des droits dont il pourra solliciter la jouissance à une date T2

---

[1] Alexandre Parodi, né le 1er juin 1901 à Paris où il décède la 15 mars 1979. Délégué général du Comité de libération nationale en France occupée après Jean Moulin et Emile Bollaert. Ministre du travail et de la sécurité sociale en 1944-1945, il imprima sa marque aux textes fondamentaux relatifs à la sécurité sociale, aux comités d'entreprise et au statut de l'immigration. Vice-président du Conseil d'État de 1960 à 1970. (*source* : https://www.conseil-etat.fr/qui-sommes-nous/)

préalablement définie. C'est ce que vous propose le banquier auprès duquel vous avez souscrit un contrat d'assurance-vie ou un contrat d'épargne retraite. Ce système, majoritairement retenu jusqu'à Bismarck, (*voir supra 1.2*), n'est pas celui retenu par la France lors de la mise en place de l'assurance-retraite généralisé, à la Libération.
Le système français est au contraire un système dit de répartition, selon lequel les cotisations de retraite versées à un instant T par les actifs servent à financer les pensions de retraite versées à la même date (ou peu après) à ceux qui sont partis en retraite avant cette date. Le produit des cotisations versées par les actifs est ainsi réparti entre les retraités, comme l'impôt à prélever était réparti entre les contributeurs sous l'Ancien régime, d'où la terminologie employée. Le système repose donc sur la solidarité entre les actifs, qui cotisent, et les retraités, inactifs qui, parce qu'ils ont cotisé hier, ont acquis pour aujourd'hui un droit à jouissance de leur pension de retraité, à l'exclusion de toute obligation de cotisation. La clef de voûte du système est donc la solidarité intergénérationnelle.

Lors de la mise en place du système, l'absence de consensus entre tous les protagonistes concernés a conduit à la création d'une myriade de régimes institués sur une base professionnelle et corporatiste. Ainsi le régime des avocats leur est propre et n'est pas celui des cheminots (régime dit spécial de la SNCF) ou des-marins-pêcheurs. La multiplicité de ces caisses professionnelles est source d'une extrême complexité, dès lors que le calcul des droits résultant d'un déroulement de carrière non linéaire passe nécessairement par une *consolidation* de ces droits et donc par un examen analytique des droits acquis auprès de chacune des caisses concernées, avant qu'il ne soit procédé au calcul cumulé de ces droits.

Précisons que ce cumul est seulement destiné à informer le cotisant, mais que chaque caisse procède à la liquidation des pensions dues par elle à un cotisant donné. Ainsi, pour exemple, les pensions de retraite de l'un des auteurs de ces lignes sont-elles le fait de trois caisses différentes. D'un assuré à un autre, le coût de gestion d'un tel système est sensiblement uniforme, alors que la pension à verser peut être modeste, ce qui accroît d'autant le poids relatif de ce coût.

La mise en place récemment, sous l'égide de la Caisse nationale d'assurance vieillesse (CNAV), du répertoire de gestion de carrière unique (RGGU)[1] a pour objectif d'atténuer la lourdeur d'un tel système et, partant, d'alléger son coût de gestion, en dispensant le cotisant, lors de la constitution de son dossier de départ en retraite, d'avoir à interroger successivement chacune des caisses auprès desquelles il a cotisé tout au long de sa vie professionnelle, en transférant cette charge à un interlocuteur unique, l'agent de la CNAV en charge du dossier du cotisant[2].

Identifier chacune des différentes caisses dont il dépend, s'assurer que les informations sur la carrière prises en compte par chacune d'elles sont exactes et exhaustives, veiller à ce que la caisse appelée à intervenir en dernier lieu a consolidé correctement les informations ainsi recueillies, tel est le lourd travail administratif préalable exigé de tout assuré qui entend faire valoir ses droits à pension, étant rappelé que le nombre de caisses est estimé à 42.

A cette première source de difficultés s'en ajoute une seconde qui résulte de la mise en place de caisses de retraite

---

[1] Articles L.161-69-7 et suivants du code de la sécurité sociale.

[2] https://www.info-retraite.fr/portail-services/ Rendez-vous sur la page « ma carrière » : périodes enregistrées et périodes à vérifier : dans ce dernier cas, une correction des anomalies est possible, service en ligne disponible à partir de 55 ans d'âge.

dites complémentaires. Nous n'avons en effet fait référence jusqu'ici qu'aux régimes dits de base.
Aujourd'hui, ces régimes de base sont complétés par des régimes dits complémentaires qui, comme leur nom l'indique, permettent d'accumuler des droits qui viennent en sus de ceux acquis auprès des régimes de base. Là encore, comme pour les régimes de base, les droits acquis auprès de chaque caisse complémentaire se traduisent par la liquidation de prestations qui sont le fait de chacune d'entre-elles. Comme pour les régimes de base, l'affiliation et la cotisation à un régime complémentaire est obligatoire[1], dans des conditions déterminées à la fois par la loi et par le règlement de la caisse. Pour d'autres caisses, dites caisses surcomplémentaires, l'affiliation n'est que facultative et le plus souvent proposée par l'employeur en sus de sa propre contribution. La cotisation éventuelle s'apparente alors à un produit d'épargne, de sorte que nombre de ces caisses sont adossées à un établissement bancaire.
Dans cet imbroglio, un organisme a même été nécessaire pour assurer la coordination entre les différentes caisses, du moins pour la plus grande partie des assurés que sont les salariés. Cet organisme, c'est le centre d'information, d'accueil et d'information des salariés (CICAS)[2]. Contrairement à ce que laisse penser son appellation, cet organisme ne délivre au candidat-retraité qu'une information lacunaire, qui ne concerne pas les régimes de base.

[1] Voir notamment Loi n° 94-678 du 8 août 1994 relative à la protection sociale complémentaire des salariés et portant transposition des directives n° 92-49 et n° 92-96 des 18 juin et 10 novembre 1992 du Conseil des communautés européennes.
[2] Pour poser vos questions à un conseiller expert du CICAS, vous pouvez utiliser le numéro de téléphone non surtaxé 0 970 660 660.

Organisées principalement sur une base professionnelle, les caisses d'assurance-retraite le sont également sur une base territoriale. Ainsi, dans le régime dit général parce qu'il est réputé concerner tous les salariés du secteur privé, la Caisse nationale d'assurance vieillesse (CNAV) qui a le statut d'établissement public administratif (EPA) est relayéc au plan territorial par des caisses locales, les caisses d'assurance retraite et de la santé au travail (CARSAT). La région Ile-de-France fait cependant exception à cette règle qui n'en serait pas une si elle ne comportait pas d'exception. En Ile-de-France, c'est en effet la CNAV qui fait office de CARSAT.
Ajoutons que si la CNAV est, comme on l'a vu, un EPA, les CARSAT sont des personnes morales de droit privé chargées d'une mission de service public, à l'instar, par exemple, des URSSAF. Contrairement aux agents de la caisse nationale, les agents des caisses locales n'ont donc pas le statut de fonctionnaires. On retrouve ici la même dichotomie que celle qui existe entre l'Agence centrale des organismes de sécurité sociale (ACOSS) et les URSSAF.
Tel est donc le « meccano » dont on parle lorsque l'on évoque le système de retraites. On voit ainsi toute la complexité du système dans lequel interviennent au total plusieurs centaines d'institutions, avec parfois des effectifs limités, voire très limités, de cotisants comme c'est par exemple le cas dans les régimes de retraite de la Comédie française[1] ou de l'Opéra de Paris.[2]
A ces lourdeurs dans la gestion de l'imbroglio du système s'ajoute une difficulté plus structurelle : le système est clairement un frein à la mobilité professionnelle, alors que le déroulement de carrière au sein d'une seule et même

[1] Subventionné à hauteur de 5,2 millions par le ministère de la culture.
[2] Au 31 décembre 2022, le régime compte 1951 cotisants pour 1919 retraités et n'est équilibré que par une importante subvention d'Etat (19 millions d'euros, soit environ 6 000 euros annuels par retraité).

entreprise de bout en bout de la vie professionnelle n'est plus le modèle dominant. D'où le projet proposé par le Président Macron en 2020 de mettre à plat le système pour lui substituer un système plus proche de la capitalisation, dans lequel chacun obtiendrait tout au long de sa vie professionnelle des points qu'il suffirait de consolider lors du départ en retraite pour déterminer, une fois connue la valeur du point, le montant de la pension. On sait que ce système, qui plaçait les assurés face à une grande insécurité juridique et rompait l'égalité entre eux n'a pas été accueilli favorablement.

L'objectif que doit rechercher le législateur est celui d'un système universel qui garantisse l'égalité des droits, reprenant ainsi le flambeau qu'ont porté, au siècle précédent, les « Pères fondateurs » du système. A la date d'aujourd'hui, le retrait par le Sénat de l'amendement au projet gouvernemental introduit par l'Assemblée nationale à l'article 1bis de la loi en discussion (*voir supra 3.6*) montre que l'heure n'est pas encore venue de la remise en chantier d'un tel projet. Rappelons que cet amendement prévoyait en effet le dépôt par le Gouvernement d'un rapport relatif à la mise en place progressive d'un système de retraite par points.

Une réduction drastique des coûts de gestion du système, dans l'intérêt bien compris de tous, tel devrait donc être le premier objectif d'une remise à plat de notre système de pensions de retraite. Ce premier objectif doit être couplé avec un second, celui de la recherche d'une plus grande homogénéité dans les règles applicables aux diverses catégories de cotisants comme de celles applicables à la liquidation des droits. Actuellement, en effet, d'un régime à l'autre, tout est dissemblable. Qu'il s'agisse des durées de cotisation exigées, de l'âge du départ à la retraite, de l'assiette des cotisations ou de l'assiette des pensions, ces règles sont en effet dissemblables d'un régime à l'autre,

sans oublier la prise en considération de la situation matrimoniale (majorations pour enfants à charge notamment). L'opacité qui en résulte est source d'incompréhension et de jalousies, quant à elles compréhensibles.
La mise à plat du système doit donc s'accompagner d'une modification substantielle des règles applicables, seule de nature à permettre une plus grande égalité de traitement et une plus grande lisibilité du système, propre à garantir que celui-ci recueille la confiance des citoyens.
A cet égard, les avancées résultant de la loi du 14 avril 2023 sont loin d'être négligeables, qu'il s'agisse de la fermeture de certains régimes spéciaux de retraite (*voir supra 5.1*) ou de la généralisation ou quasi-généralisation de certains avantages réservés jusqu'alors à certains régimes de retraite. Retenons ainsi notamment la pension d'orphelin (*voir supra 5.18*) ou encore l'extension aux professions libérales de la majoration pour enfants à charge jusqu'alors réservée aux salariés du secteur privé (*voir supra 5.21*). Ces avancées énoncées dans la loi du 14 avril 2023 sont au nombre de celles qui doivent être saluées. Elles constituent une base d'appui solide en vue de leur généralisation dans la perspective d'une nécessaire uniformisation et harmonisation des règles applicables d'un régime à l'autre.
Enfin, dans l'accompagnement de cette remise à plat, la gouvernance du système doit être repensée en vue d'améliorer son efficacité managériale tout en réduisant ses coûts de gestion. Cela concerne en particulier les coûts de gestion des flux interbranches et entre l'Etat et les caisses nationales.

6.2/ - Ne pas oublier les pensions de réversion et les majorations pour enfant à charge

Alors que plusieurs mesures ont directement pour objectif d'améliorer la situation des femmes ou des seules mères et qu'un engagement est pris en vue de rechercher une plus grande égalité de traitement entre femmes et hommes à l'égard des retraites (*voir supra tableau de synthèse 5.10*), les pensions de réversion[1] encore appelées par les spécialistes pensions de droit dérivé sont les grandes absentes de la loi du 14 avril 2023.

Les travaux de la direction des statistiques du ministère des affaires sociales (DRESS) donnent pourtant une idée de l'ampleur du phénomène.[2] En 2019, sur 18,1 millions de retraités, 4,4 millions de personnes étaient titulaires d'une pension de réversion dont 88 % de femmes. Le nombre de bénéficiaires, le plus souvent la veuve d'un conjoint assuré décédé, est en hausse de 5,1 % par rapport à 2009.[3] Pour 1,1 million de personnes, la pension de réversion est la seule pension perçue. Ces pensions sont donc celles que perçoivent les conjoints survivants après le décès du pensionné. Dans la très grande majorité des cas, ces pensions concernent les femmes qui perçoivent une partie de la rente qui était celle versée au mari jusqu'à son décès. Là encore, si la rente conserve en principe son caractère viagère, les règles applicables sont trop souvent dissemblables. Tout en effet dans les règles applicables aux pensions de réversion est dissemblable, qu'il s'agisse de la définition du bénéficiaire ou du taux de réversion applicable. Comment une épouse subitement veuve peut-elle comprendre ces règles qui demeurent trop souvent opaques [4]?

---

[1] La pension de réversion correspond à une partie de la retraite dont bénéficiait ou aurait pu bénéficier l'assuré décédé. Elle est versée, sous conditions, à l'époux - le plus souvent l'épouse - (et/ou ex-époux-se) survivant, et, le cas échéant, aux orphelins.

[2] Panoramas de la dress : *Les retraités et les retraites* - édition 2023 https://drees.solidarites-sante.gouv.fr/

[3] Source : cor-retraites.fr / Doc_13_Reversions

[4] Dans cette perspective, voir les propositions faites par le comité d'orientation des retraites (COR), missionné par le Gouvernement, le

6.3/ - Favoriser la poursuite de l'activité professionnelle

En France, en 2022, une question fréquemment abordée sans pour autant faire l'objet de mesures législatives appropriées est celle de l'articulation entre la vie active et le départ à la retraite (*voir supra 5.26*).

Chez les affiliés au régime dit général, l'âge moyen de départ à la retraite est, en 2022, selon l'étude d'impact jointe au projet de loi, de 63,1 ans, chiffre qui tombe à 62,7 pour les hommes, alors que l'âge moyen des retraités est de 74,8 ans. Assurer la pérennité de notre système de retraites suppose donc de réduire l'écart entre ces deux termes, d'autant que ces données ne tiennent pas compte des divers dispositifs dits de pré-retraite, qui sortent leurs bénéficiaires du marché du travail sans les faire entrer dans celui des retraités. La règle selon laquelle l'âge du cotisant conditionne son droit, voire son obligation, à quitter la vie active n'est légitimée que par son objectif budgétaire et ne correspond à aucune réalité.

Nous avons vu à plusieurs reprises que là où les règles devraient être autant que possible homogènes, elles sont en réalité trop souvent profondément dissemblables. Ici la situation est paradoxalement inverse : là où la règle devrait être déterminée en fonction de la profession exercée, de l'état de santé, de la motivation du cotisant et de sa volonté de continuer à travailler, la règle de l'âge s'applique comme un couperet qui n'a été que peu amendé par les réformettes successives de ces dernières années. En fonction des critères qui viennent d'être énoncés — âge, état de santé, volonté individuelle — la survenue de l'âge légal de départ à la retraite doit être vécue non comme une sortie imposée

---

1er février 2024 en vue d'une plus grande homogénéisation des règles applicables.
https://www.cor-retraites.fr/reunions-du-cor/droits-familiaux-conjugaux-objectifs-leviers-envisageables-0

du marché du travail mais comme une option ouverte à chacun. Cet âge survenu, chacun doit en effet pouvoir soit partir à la retraite s'il le souhaite, soit au contraire continuer à exercer une activité professionnelle, le cas échéant en optant pour une autre activité. La règle dite de la « limite d'âge » applicable avec rigueur dans la fonction publique jusqu'à la loi du 14 avril 2023 est absurde et contre-productive. Interdire à un fonctionnaire qui a atteint la « limite d'âge » de travailler est contre-productif. Cette règle prive en effet l'aîné de la possibilité qui est la sienne de partager avec « la « garde montante » l'expérience qu'il a accumulée tout au long de sa vie professionnelle. Est-ce bien raisonnable ? Chacun sent bien intuitivement que la réponse à la question de savoir si la règle dite de la limite d'âge est pertinente ou négative.
Plus généralement, il en va de même à l'égard des règles et des pratiques qui sont autant de freins dissuasifs à la poursuite de l'activité professionnelle au-delà de la limite d'âge, ou, plus encore, au-delà de la date de la liquidation de la pension de retraite. Prélèvements obligatoires sans contrepartie, les prélèvements effectués postérieurement à la liquidation de sa pension de retraite par un retraité qui poursuit son activité professionnelle sont, dans notre vocabulaire constitutionnel, non pas des cotisations mais des impositions, exactement comme le sont la contribution sociale généralisée (CSG) et la contribution au remboursement de la dette sociale (CRDS). Il n'en va différemment que dans le cas où, par exception, ces prélèvements ouvrent droit à une seconde pension de retraite, comme la loi vient d'en offrir enfin la possibilité.
Mais, au-delà de ces querelles linguistiques, ces prélèvements indus sont-ils le meilleur moyen d'encourager les cotisants à travailler aussi longtemps qu'ils le souhaitent, dans l'intérêt bien compris tant des finances publiques que de leur santé physique et mentale ?

Toutes les règles qui peuvent directement ou indirectement dissuader un cotisant de poursuivre son activité professionnelle au-delà de la date de liquidation de ses droits doivent être recensées et révisées. Les périodes d'activité effectuées dans ces conditions pourraient au contraire permettre une majoration des pensions de retraite de l'intéressé comme des finances publiques et pourraient à ce titre bénéficier d'une surcote dont le taux pourrait varier en fonction du montant des cotisations versées. Dans cette perspective, il faut donc se féliciter de plusieurs mesures inscrites dans la loi du 14 avril 2023. Ceci concerne en particulier les règles nouvelles applicables au cumul emploi-retraite et à la cessation progressive d'activité énoncées à l'article 26 de la loi (*voir supra 5.26*).

6.4/ – Garantir la transparence du financement

Organisé sur une base professionnelle, le système français des retraites est financé de deux façons nettement distinctes : d'une part, les caisses de retraite perçoivent les cotisations sociales versées notamment par les cotisants et les employeurs qui, de cette façon, ont vocation à bénéficier demain d'une pension de retraite dont le montant évolue chaque jour jusqu'à la cessation d'activité.

Mais, à côté de ces cotisations, les caisses de retraite perçoivent, d'autre part, via notamment la CNAV qui liquide les pensions de retraite des salariés du régime dit général, des impositions qui sont affectées à ces caisses et font office de subventions d'Etat permettant d'assurer l'équilibre financier du système, sans être par elles-mêmes productrices de droits pour les cotisants. Depuis 1995, une part prépondérante de ces prélèvements à caractère fiscal affectés au financement du système de retraite est constituée par une partie de la CSG et une partie de la CRDS.

Cette dualité de financement entre d'un côté les cotisations sociales et d'un autre côté les recettes à caractère fiscal affectées aux caisses n'est pas saine, même dans le cas où elle correspond à la prise en charge d'obligations dites de service public (voir par exemple le traitement comptable des demandeurs d'emploi). Cette dualité est en effet malsaine dans la mesure où elle masque le coût réel de notre système de retraite. D'autant que la part des cotisations dans le total des sources de financement du système de retraite ne cesse de décroître. En 2021, elle est tombée à moins de 40 %, le reste des besoins de financement provenant des transferts inter-caisses[1] et des impôts affectés, représentés principalement par la CSG (12,5 % du budget de la CNAV en 2021). Pour garantir la transparence du financement du système, cette dualité dans les sources de financement doit cesser en mettant un terme à la pratique des prélèvements à caractère fiscal affectés qui doivent être remplacés à raison d'un euro pour un euro par des cotisations de sécurité sociale.

Subsidiairement, relevons également que la suppression de la dualité du financement de la protection sociale, dont la vieillesse, s'inscrit dans le droit fil de l'article 13 de la Déclaration des droits de l'Homme et du citoyen (DDHC) de 1789, selon lequel chacun contribue au financement de la dépense publique selon ses facultés contributives. En effet, dans la mesure où les taux de prélèvement applicables à la CSG et à la CRDS sont largement uniformisés, ces prélèvements obligatoires portent gravement atteinte à la progressivité effective de l'impôt sur le revenu. La dualité des sources de financement du système de retraite n'est que

[1] En provenance du Fonds d'assurance vieillesse (FAV) au titre du « minimum vieillesse », de la Caisse nationale d'allocations familiales (CNAF) au titre de la prise en charge des majorations de pension pour enfants à charge et de l'assurance chômage (21 %) pour la prise en charge des demandeurs d'emploi.

la marque d'un juridisme excessif auquel l'Etat met un terme quand il le souhaite, ainsi qu'en témoigne l'exemple des « cotisations » versées par un cotisant qui poursuit son activité professionnelle postérieurement à la liquidation de sa pension de retraite (*voir supra*). Cette distinction entre cotisation et contribution affectée ne correspond à aucune réalité sociale. Les impositions affectées devraient donc céder la place à des cotisations.

6.5/ - Permettre à chacun de choisir librement le montant de ses cotisations de retraite

Aujourd'hui, dans la plupart des cas, le montant des cotisations vieillesse que doit verser le cotisant lui est imposé, sans que ne lui soit proposé ni de cotiser moins ni de cotiser plus. Peut-être serait-il profitable de substituer à ce corset un système plus souple, qui tienne compte des souhaits du cotisant et des aléas de la vie.

Pourquoi ne pas introduire plus de souplesse dans un système dont les montants de cotisations exigés sont, dans la plupart des cas, excessivement rigides ? On pourrait, par exemple, imaginer des tranches de cotisations, comme il existe des tranches d'impôt sur le revenu.

6.6/ - Repenser l'assiette des cotisations

Les cotisations d'assurance-vieillesse sont assises sur les sommes perçues à l'occasion de l'exercice d'une activité professionnelle. Mais la réalité est sensiblement éloignée de cette affirmation de principe.

Si, en effet, toutes les sommes perçues dans un cadre professionnel sont, sauf exceptions limitées, soumises à l'impôt sur le revenu, il n'en va pas de même des cotisations de sécurité sociale, et en particulier des cotisations d'assurance vieillesse. Une proportion notoire de ces rémunérations ne sont en effet pas soumises à cotisations, ce qui pénalise les cotisants concernés dans la constitution de leurs droits à pension et nuit à l'équilibre budgétaire du système. Ceci concerne les gratifications versées sous des appellations diversifiées qui, trop souvent, ne sont pas soumises à cotisations ou ne le sont que partiellement. Une telle situation non seulement pénalise les finances publiques comme les cotisants, mais encore rompt le principe de l'égalité de traitement entre les cotisants salariés, du secteur privé comme du secteur public, qui sont principalement ceux concernés par ces mécanismes d'exemption, et les non-salariés pour qui les diverses cotisations de sécurité sociale sont assises sur l'ensemble du bénéfice imposable. La réaffirmation claire du principe de l'égalité de traitement qui résulterait de l'abandon des pratiques actuelles ne fait pas obstacle à ce que les taux de prélèvement applicables soient, dans le même temps, repensés. Comme tel est le cas de l'impôt sur le revenu depuis 2018, rien ne s'oppose à ce que, par ailleurs, cette réforme d'ampleur des règles d'assiette s'accompagne d'une réforme d'une aussi grande ampleur avec la généralisation du prélèvement à la source de ces cotisations, seul de nature à réduire drastiquement les coûts de gestion de leur perception. Ainsi L'Etat pourrait-il montrer l'exemple en assujettissant à cotisation à l'assurance-retraite la totalité des primes versées, sous des appellations diverses, à ses agents.

6.7/ - Repenser la transition entre la vie active et le départ en retraite

Aujourd'hui, même s'il est, dans de trop nombreux cas, attendu, le statut de retraité succède trop souvent brutalement au statut d'actif. Qui est au travail le 31 du mois se réveille retraité le lendemain matin, 1er du mois suivant. Entre le 31 et le 1er un couperet est tombé, à minuit juste.
De même que le cotisant concerné n'était hier pas toujours préparé à son entrée dans la vie active, il n'est quelquefois

pas préparé à revêtir son costume de retraité, alors pourtant que s'offre à lui le moment de sa vie qui va lui permettre de se « reconstruire ». Cette cessation de l'activité professionnelle peut s'avérer ne pas être sans conséquences sur la situation financière ou sur la santé du cotisant, en même temps qu'elle reporte à l'extérieur des entreprises une transmission fluide du témoin entre les générations. La règle de la limite d'âge empêche parfois, il est vrai, la transmission du savoir-faire au sein des entreprises.
Peut-être une brutalité de ces changements de statut social devrait-elle donc être évitée, en préparant le départ du cotisant très en amont, soit une dizaine d'années avant la date prévisionnelle de départ à la retraite, de sorte que lui-même et son entreprise puissent vivre sereinement ce départ. Cette prévention peut par exemple s'inscrire parmi celles prévues par le document unique d'évaluation des risques professionnels (DUERP) rendu obligatoire par le code du travail pour toutes les entreprises,[1] autant que dans la gestion prévisionnelle des emplois et des compétences (GPEC). Bilan de santé, communications sur le montant prévisionnel de la pension de retraite, stages de formation, cessation progressive d'activité, aucun des volets de l'accompagnement du futur retraité ne doit être négligé pour préparer celui-ci à revêtir au mieux son nouvel habit. Là encore, les initiatives positives inscrites dans la loi du 14 avril 2023 en faveur de la cessation progressive d'activité peuvent être soulignées.

6.8/ - Repenser notre système de retraite dans une respective européenne

Notre système de retraite s'inscrit aujourd'hui dans le cadre des engagements macroéconomiques et budgétaires pluriannuels prévus par le traité européen de 2012 (*voir*

[1] Articles R.4121-1 à R.4121-4 du Code du travail.

supra 5.0). Pourtant, il est indispensable d'aller beaucoup plus loin dans l'intégration de l'Europe dans notre système de retraite. L'ensemble des suggestions ci-dessus doivent en effet être mises en œuvre dans une perspective européenne. Rien ne s'oppose par exemple à une harmonisation européenne des pensions de réversion ou à une prise en charge de celles-ci par la Banque centrale européenne (BCE).

Une fois de plus, De Gaulle avait vu juste : l'entrée des Britanniques dans le « marché commun », un pied dedans et l'autre dehors, était une erreur majeure. Durant plus de 40 ans, les « Anglais », sans doute du fait de leur alliance avec les Etats-Unis d'Amérique, ont retardé autant qu'ils l'ont pu la construction européenne, et en tout premier lieu la construction de l'Europe sociale. Cette attitude conservatrice a contraint l'Union européenne, faute de pouvoir se consacrer aux femmes et hommes qui la composent, à se concentrer sur les biens produits ou échangés, aux dépens de l'Europe sociale tant espérée. Enfin délestée du « boulet » britannique, il appartient désormais à l'Union de se ressaisir pour débuter un recentrage décisif, strictement nécessaire mais qui mobilisera une, voire deux générations.

Retroussons donc les manches pour substituer à l'Europe des normes une Europe des hommes et des femmes, orientée vers l'harmonisation des coûts de production et donc d'abord des coûts de main d'œuvre, seule de nature à apaiser les tensions qui existent dans les secteurs d'activité économique les plus exposés à la concurrence internationale. Contrairement à l'opinion trop communément répandue, ces tensions n'ont pas pour origine la réglementation européenne, mais au contraire le caractère inachevé de cette harmonisation. Elles se traduisent par ce qu'il est coutume d'appeler le « dumping social ». Tout naturellement, l'harmonisation européenne doit, dans la sphère sociale en tout cas, s'opérer « par le haut » et non pas « par le bas ». Compte tenu de la place occupée par la protection sociale dans notre pays, cette perspective d'une Europe sociale, débarrassée de son carcan normatif, serait de nature à garantir le retour de la France sur la scène internationale et le leadership du pays des Lumières en la matière. Le jour où le salaire minimum interprofessionnel de croissance (SMIC) français sera devenu applicable dans les 27 pays de l'Union[1], nous pourrons nous déclarer fiers d'être Français, en même temps que nous pourrons rassurer nos agriculteurs qui, aujourd'hui, craignent d'abord la concurrence intra-européenne.

Pourquoi ne pas offrir à chaque citoyen la possibilité d'opter, à son entrée dans la vie active, pour le régime national d'assurance-vieillesse ou, s'il préfère, pour un régime européen qui pourrait lui-même s'inspirer de celui offert par l'Union européenne à ses fonctionnaires ? (lequel régime a lui-même été préparé par un magistrat français).

On le voit par ces quelques suggestions, retarder régulièrement l'âge de départ à la retraite n'est pas la panacée. Non seulement, contrairement à ce que soutiennent les pouvoirs publics, ce n'est pas la seule solution pour faire face aux besoins de financement de notre système de retraite, mais encore le « décryptage » de la loi du 14 avril 2023 a montré que, pour des raisons politiques obscures, cette loi a manqué son objectif, ce qui légitime l'ampleur des mouvements revendicatifs qu'elle a provoqués. Il suffisait, pour que le Peuple perde confiance dans le Politique, qu'il comprenne, fût-ce intuitivement,

---

[1] Cette tentative est en cours depuis 2021. Consulter la page internet du parlement européen : *Adoption de nouvelles règles sur des salaires minimaux adéquats dans l'UE*.

que celui-ci lui avait menti sur les objectifs recherchés. Ce qui n'enlève rien aux mesures positives contenues dans la loi qui, manifestement, sont malheureusement devenues inaudibles du fait de la trahison de la parole politique.

L'historique de la loi du 14 avril 2023 n'est rien d'autre que celui d'un leurre avorté. Alors rendez-vous pour le PLFSS 2025, rectificatif du PLFSSR 2023, ou toute autre loi rectificative issue des propositions de loi d'ores et déjà déposées à la présidence de l'Assemblée nationale et tendant à l'abrogation de la réforme ?

INDEX THEMATIQUE

Structures éditoriales du groupe L'Harmattan

L'Harmattan Italie
Via degli Artisti, 15
10124 Torino
harmattan.italia@gmail.com

L'Harmattan Hongrie
Kossuth l. u. 14-16.
1053 Budapest
harmattan@harmattan.hu

L'Harmattan Sénégal
10 VDN en face Mermoz
BP 45034 Dakar-Fann
senharmattan@gmail.com

L'Harmattan Cameroun
TSINGA/FECAFOOT
BP 11486 Yaoundé
inkoukam@gmail.com

L'Harmattan Burkina Faso
Achille Somé – tengnule@hotmail.fr

L'Harmattan Guinée
Almamya, rue KA 028 OKB Agency
BP 3470 Conakry
harmattanguinee@yahoo.fr

L'Harmattan RDC
185, avenue Nyangwe
Commune de Lingwala – Kinshasa
matangilamusadila@yahoo.fr

L'Harmattan Congo
219, avenue Nelson Mandela
BP 2874 Brazzaville
harmattan.congo@yahoo.fr

L'Harmattan Mali
ACI 2000 - Immeuble Mgr Jean Marie Cisse
Bureau 10
BP 145 Bamako-Mali
mali@harmattan.fr

L'Harmattan Togo
Djidjole – Lomé
Maison Amela
face EPP BATOME
ddamela@aol.com

L'Harmattan Côte d'Ivoire
Résidence Karl – Cité des Arts
Abidjan-Cocody
03 BP 1588 Abidjan
espace_harmattan.ci@hotmail.fr

Nos librairies en France

Librairie internationale
16, rue des Écoles
75005 Paris
librairie.internationale@harmattan.fr
01 40 46 79 11
www.librairieharmattan.com

Librairie des savoirs
21, rue des Écoles
75005 Paris
librairie.sh@harmattan.fr
01 46 34 13 71
www.librairieharmattansh.com

Librairie Le Lucernaire
53, rue Notre-Dame-des-Champs
75006 Paris
librairie@lucernaire.fr
01 42 22 67 13

www.ingramcontent.com/pod-product-compliance
Lightning Source LLC
LaVergne TN
LVHW010941061026
849535LV00007B/2512